ON
EDUCATION

U0840827

YUKICHI

外国名家谈教育

FUKUZAWA YUKICHI
ON EDUCATION

日本教育家

福泽谕吉
谈教育

[日]福泽谕吉 著
于彩虹 译

辽宁人民出版社

图书在版编目（CIP）数据

日本教育家福泽谕吉谈教育 /（日）福泽谕吉（Fukuzawa Yukichi）著；于彩虹译. —沈阳：辽宁人民出版社，2020.9
（外国名家谈教育）
ISBN 978-7-205-09913-8

Ⅰ. ①日… Ⅱ. ①福… ②于… Ⅲ. ①福泽谕吉（Fukuzawa Yukichi 1834—1901）—教育思想 Ⅳ. ①G40-093.13

中国版本图书馆 CIP 数据核字（2020）第 138842 号

出版发行：辽宁人民出版社
地址：沈阳市和平区十一纬路 25 号　邮编：110003
电话：024-23284321（邮　购）　024-23284324（发行部）
传真：024-23284191（发行部）　024-23284304（办公室）
http://www.lnpph.com.cn
印　　刷：辽宁新华印务有限公司
幅面尺寸：160mm × 230mm
印　　张：9.5
插　　页：8
字　　数：130千字
出版时间：2020 年 9 月第 1 版
印刷时间：2020 年 9 月第 1 次印刷
责任编辑：阎伟萍　孙　雯
装帧设计：留白文化
责任校对：耿　珺
书　　号：ISBN 978-7-205-09913-8

定　　价：38.00元

目录 Contents

导　言

福泽谕吉，日本近代杰出的教育家、思想家，日本资本主义发展的启蒙者，他与以“明治维新三杰（西乡隆盛、大久保利通、木户孝允）”为代表的一批政治家共同推进了日本在思想、文化、教育、政治、经济等各个方面的根本性变化，福泽谕吉也因此被誉为“日本近代教育之父”“明治时期伟大的教育功臣”“日本国家大校长”。

19 世纪 30 年代，福泽谕吉出生于一个下层武士家庭，他从很小的时候就开始学习西学，曾经三次游历欧美，受西方自然科学以及资产阶级自由、民主思想的影响，他对日本腐朽的封建专制制度和落后思想文化持猛烈抨击态度。1858 年，他创建了专门致力于传播“兰学”[①] 的教育机构“兰学塾”，开始向日本青年一代介绍西方先进的思想文化。其间，他多次趁游历欧美的机会往日本带回了数学、经济、法律、哲学及历史方面的经典书籍，并亲自进行翻译和编辑，使之成为“兰学塾”的专用教科书。1868 年，“兰学塾”改名为“庆应义塾”——这就是日本著名私立大学庆应义塾大学的前身。庆应义塾为日本明治维新及资本主义改

① 兰学，指荷兰的学说和文化，这里代指西方文化。

◎福泽谕吉故居——大分县中津市留守居町

◎福泽谕吉故居——大分县中津市留守居町内景

革培养了一大批优秀的政治、经济人才。在办学过程中，福泽谕吉所倡导的人格独立、重视实用科学学习的观点，对日本近现代教育的发展，具有直接而重大的影响。

福泽谕吉一生从事教育及思想启蒙活动，且著述颇丰。其中影响力最大、对日本近代教育贡献最大的当数从 1872 年到 1876 年完成的《劝学篇》和他为日本近代化所设计的范本《文明论概略》。

《劝学篇》共有 17 篇，福泽谕吉在书中系统地揭露和批判了日本封建专制集权主义对当时社会文明进步以及人格独立的危害，同时极力宣传西方的“天赋人权”思想，号召日本国民树立自由独立的人格，着重强调了人民应该在国家和社会的发展过程中占据主体地位。福泽谕吉认为，只有每个国民都获得了独立，国家才能独立。他认为独立有两层含义：一是物质生活方面的独立，二是精神上的独立。而独立精神的核心则是一种坚持积极进取、敢于自我主宰和勇于成为国家主人的气概——这才是国家独立的核心。但不论是国家与国家之间的平等和独立，还是社会上人与人之间的独立和自由，都需要通过教育来获得。至于教育的方法，福泽谕吉认为，由于日本与西方国家在风俗习惯、思想感情、文化背景等方面都不尽相同，因此即便在西方被认为是文明和进步的东西，也未必适合日本，因此不能机械照搬，日本必须在坚持自身传统和信仰的基础上，学习西方文明的优点、取长补短，不断完善日本特有的文化，只有这样才能保持文化层面的民族独立。不论是传授学问的人还是立志学习的人都要树立远大理想，以振兴国家为己任，尤其是要学以致用，保持知识与实践的一致、思想与行动的一致。

在另一部著名作品《文明论概略》中，福泽谕吉详细阐述了文明的内涵：文明的范围非常广泛，但凡工商科学、政策法律、文学历史以及道德智慧等等，几乎无所不包。福泽谕吉所谓文明可以分成两种，一种是“文明的外形”，即从衣食住行到政策法律等看得见、摸得着的事物，另一种是“文明的精神”，是指人民精神风貌以及由此形成的社会

◎ 1912 年的庆应义塾大学

◎今日庆应义塾大学

形势。其中“智德”是文明发展的最强大动力，而日本文明落后于西方文明的最重要原因就是由于人民在智德方面不及西方人。所以，日本要想赶超西方文明，就必须要努力追求智德。为此，福泽谕吉号召全体国民努力学习，积极培养独立自主的国民性，在文明程度上向西方看齐，最终实现国家的独立。

《劝学篇》和《文明论概略》集中反映了 19 世纪中叶以后以福泽谕吉为代表的日本新兴资产阶级勇于改革、不断开拓的进取精神，这两本著作不仅对明治维新产生了重大影响，而且也被当时的日本政府所采纳，并应用于教育改革和学制改革中。有人曾经这样评价福泽谕吉：如果将日本比作一杯水的话，那“明治维新三杰”等日本政治家改变的是水杯，而福泽谕吉改变的是水质。1984 年，日本在新发行的万元面额纸币的正面印上了福泽谕吉的头像，由此可见福泽谕吉在日本历史上的重要地位和影响力[①]。

为使读者更加全面、深入地了解福泽谕吉的教育理念和启蒙思想，本书除对《劝学篇》一书进行翻译之外，还从《文明论概略》中汲精取华，选取书中的重要章节附录于后。全书倾注了译者的大量心血，但由于水平有限，难免有错漏之处，敬请读者指正，以便我们再版时修订。

---

① 2019 年 4 月 9 日，日本宣布将于 2024 年推出新版日元纸币，届时万元面额纸币上的头像将由福泽谕吉变为被称为“日本资本主义之父”的涩泽荣一。

·劝学篇·

作者自序

本书是我在读书的闲暇之时所写的随笔集。第一篇发表于明治[①]五年的二月，到明治九年十一月，共完成了十七篇……书中所写各篇论文，有些是为了应急所写，有些则是对前景的展望。由于执笔时思虑匆忙，因此各篇中有些可能意义极为浅显，有些则近似迂阔了。如今将它们合订为一本，乍读之下，也许会觉得前后主旨不连贯，但如果稍微进行深入的思考，在词句之外细细品味，便可以发现全书的核心思想是一以贯之的。

本书自发行至今已逾九载，有的学者如果已经看过此前单独发行的版本，自然就无须再读这本合集，此书只是为了今后有志于学的人士所编订。

福泽谕吉

明治十三年（1880 年）七月三十日

---

① 明治：日本第 122 代天皇睦仁在位时所用的年号，使用时间为 1868 年至 1912 年，共计 45 年。明治五年即 1872 年。

第一篇 缘　起

“上天不生人上之人，亦不生人下之人”，这句话的意思是说：上天所降生的人都是平等的，不存在一出生就有高低贵贱之分的人。身为万物的灵长，人类原本应该听从内心的安排，获取天地之间的所有物资，来满足衣食住行之所需，大家自由自在、互不妨碍地快乐生活。但只要环顾当今这个世界，便会发现既有贤能之人又有愚蠢之人，既有贫苦之人又有富有之人，既有尊贵之人又有低贱之人，他们之间似乎存在着天壤之别。这到底是怎么一回事呢？理由是非常明显的。《实语教》[①]中说道：“人不学无智，无智者愚人。”因此贤与愚的区别可以说是因为学和不学而导致的。再加上这世间原本就有做起来困难的工作，也有做起来容易的工作，做困难工作的被称为身份高的人，做容易工作的被称为身份低的人。大凡需要劳心劳神和冒很大风险的工作，都是困难的，使用双手双脚进行劳动的工作其实都是容易的。所以才会将学者、医生、政府官员、富商巨贾以及雇用了很多帮工的富农称为身份高的贵人。而且由于身份高贵，他的家境自然也变得富足起来，在下面的人看来，他就变得高不可攀了。但假如我们追本溯源的话，就可以明白这其实只不过是有没有学习造成的区别，而不是什么命中注定的。俗话

①《实语教》：日本古代社会上流行的一种蒙学读本，内容主要强调了人只有通过学习才能获得智慧。

说："上天不会凭空给人富贵，要想富贵必须要通过辛勤劳动来获得。"因此如前所述，人生来是没有高低贵贱之分的，只有那些勤于学习、掌握了丰富知识的人才能够变得富贵，而不愿学习的人就会变得越来越贫贱。

这里所谓的学习和掌握丰富的知识，绝不只是局限于能够识文断字，也不只是能够读懂晦涩的古文、咏和歌[①]、作诗——这些都是不切人世实际的学问。这一类的知识虽然也可以给人们带来精神上的安慰，而且也有一些好处，但是并不像自古以来世上的儒学家以及日本的国学家所说的那么值得宝贵。从古至今，很少有汉学家善于理财增产；而善咏和歌同时又精通贸易的商人也不多。所以有一些心机深沉的商贾农人，看见子弟一心求学，却担心家道中落，做父亲的这种心情是完全可以理解的，这便是这一类知识脱离实际、不符合日常所需的力证。因此我们应该把这些不切实际的知识放在次要的位置，然后专心地致力于不断靠近世上通用的实学[②]，比如学习伊吕波[③]47个字母，练着记账、写信，学会使用天平、打算盘等等。然后再进一步，去学习很多重要的学科。比如地理学——介绍日本国内及世界各国的风土人情；物理学——探究天地万物的性质和作用；历史——详细记载古今各国历朝历代的情况；经济学——从一人一家的生计开始研究，直到对一个国家、全世界的生计进行研究；修身学——用来阐述合乎自然的修身交友以及处世之道。在学习上述学问的时候，都可以参照和借鉴西洋的译本，书里的内容大多都是用日本文字书写的，学习起来非常方便。至于才能出众以至于特别优异的青年，则可以同时修习外语，对每一门科学都能够做到实

① 和歌：日本古代流传的一种诗歌体裁。

② 实学：这个词是福泽谕吉独创的一个词语，不但用来指社会生活中所必需的实用知识和技能，也包括实验与实证科学。

③ 伊吕波：按照"伊吕波歌"顺序排列的一种日文字母的读法，这里指日语的字母表，通常用来作为序数词使用。

事求是，对每一件事物都能够深刻地去探寻真理，从而满足自身的需求。以上就是我所总结的世上通用的实学。假如所有人——不分高低贵贱，都能够喜欢这些学问，并且能够获得一些体会，然后士、农、工、商各尽其责，各司其职，经营好自己的家业，那么不但个人能够独立，家族能够独立，国家也就能够独立了。

治学的要义在于懂得遵守本分。人们从降生到这个自然界中以后，原本是不受任何约束的。生下来是男人便是男人、是女人便是女人，而且自由自在。可是假如只是高喊自由自在，却不懂得遵守本分的话，就很容易陷入恣情放荡的局面。因此本分便意味着明天理、顺人情，要在不妨碍别人的前提下享受自己的自由。自由和恣情放荡的边界也就在于是否会对别人造成妨害。比如花自己的钱，就算是沉溺于酒色、放荡不羁，看起来似乎也完全是个人的自由，但实际绝对不是如此。因为一个人的放荡会成为大家效仿的榜样，最终会导致世间风俗变得紊乱，有伤教化，所以就算花的钱是他自己的，他的罪过也是无法让人原谅的。

自由和独立不仅仅限于个人，也适用于国家。日本就是这样一个地处远东地区的岛国。自古以来就不与外国相接，只凭着本国的物产便能丰衣足食，似乎也并未有令人感到不足之处。自从嘉永[①]年间美利坚人到了日本之后才开始正式进行对外交易，直到今天演变成了这种状况。开禁之后，大家议论纷纷，便有人叫嚣着要封锁国门攘除蛮夷，足见其人所见所识异常狭隘，正如民间俗语所说“井底之蛙”，这样的议论是不值一提的。日本与西洋各国全都存在于同一片天空下、同一个地球上，受着同一个太阳的照耀，欣赏着同一个月亮，拥有着相同的大海与空气。如果各国人民情意相合，能够将彼此富余的东西进行交换，并开

---

① 嘉永：日本孝明天皇所用年号，即公元 1848—1854 年。嘉永六年（1853 年），美国海军将领佩里率领军舰叩关，日本被迫与列强开始通商。

展文化方面的交流，那么就不会产生耻辱和骄傲的感觉，而且能够令双方同时获得便利，共谋幸福与发展，并且顺应天理人情而变得互相友好。只要是真理之所存，便是对非洲黑色人种也不应歧视，顺应人道，对英、美的坚船利炮更不应该畏惧。假如祖国遭到了侮辱，那么日本的全体国民就应该拼出性命来抗争，以达到使国威不坠的目的。唯有如此，才能说国家实现了自由独立。如果觉得其他国家都是夷狄、番邦，将外国人视为四只脚的畜牲，不仅蔑视外国人，厌恶外国人，甚至不自量力地想要驱逐外国人，结果情况反而更加糟糕。这样的事情确实是因为不了解本国实力所导致的，如果类似的情况发生在个人的身上，那就是没有正确理解上天所赐予的自由，反而陷入了肆意妄为的境地了。日本国自从天皇施行新政[①]以来，社会风气为之一变。对外，日本基于国际公法与各个国家建立邦交；对内，向人民宣传自由平等之原则，比如让平民拥有冠姓和骑马的权利，这可以说是开天辟地以来的壮举，从而奠定了士、农、工、商四民平等的基础。今后在日本，除了个人因为才德、地位而获得相应的身份之外，再也不会出现从一出生就有高低贵贱等级之分的情况了。又如人们不可以对政府官员无礼，尽管这是理所应当的事情，但这并非由于其人地位高贵，而只是由于他们身具才德，尽忠职守，为了全体国民履行的国法所赋予的神圣职责，这才是他们值得尊重的原因，因此并非人的尊贵而是国法尊贵。以前，在幕府时期，将军身边的茶童在东海道[②]上可以通行无阻，这是人尽皆知的事情。另外，就算是将军所饲养的鹰，也要比常人更为尊贵，走在路上，遇到“御用”[③]的马便要让路。总之，但凡带着“御用”两个字的东西，就算是砖头瓦块也是非常宝贵的。这是由于人们自成百上千年以来，一方面尽管心存厌恶，但另一方面却又习惯成自然，进而导致上、下两阶层之

① 新政，即明治维新。

② 东海道：德川幕府时期从东京经由名古屋通往京都的驿路。

③ 御用：这里指日本幕府时代将军专用。

间形成了这种陋习。但这毕竟不是由于法的可贵和物的可贵，只是政府强逞威横，令人生畏，进而希望借此来妨碍人们享有自由的卑鄙做法，这就是所谓的不带有实质内容的虚威而已。到了眼下，这种浅陋的制度和风俗在日本国内早已绝迹。所以每个人都能够安心，即便对政府有什么意见和建议，也无须隐瞒，在暗地里一吐为快，只要遵循正道，按照法律规定的程序，平心静气地向政府提出，并且毫不隐瞒地说出来。只要这些意见和建议顺应天理人情，那么就算是拼了命也值得力争，这就是身为日本国民的职责和本分所在。

正如前面我所说的那样，基于天理，个人与国家都应该是自由和不受限制的。倘若一个国家的自由受到了侵害，那就是与世界上所有的国家为敌也没什么可怕的，倘若个人的自由受到了侵害，那么政府官员也不足惧。况且近年来已经建立起了士农工商四民平等的基础，大家更是可以放心，只要符合天理和法律就可以大胆去做任何事。但是每个人都有各自所对应的身份，需要按照各自的身份且具备相应的才能和品德，要想做到这一点就需要明白事理，要想明白事理就需要一心向学，这也是学问之所以成为我们面临的首要任务的原因。

照目前的情形来看，农、工、商三者的身份较之以往已经提高了百倍，并且呈现出了与士人并驾齐驱的趋势。如果前三者之中出现了人才，而政府也已经打开了擢升任用的门路，那他们就应该爱惜自己的羽毛，不要再做出卑劣的事情。这个世界上，大概再也没有无知的文盲一样又可怜又可恨的人了。因为无知到了极点，便会不知羞耻，因为自己没有知识而陷入贫穷和饥寒交迫的境地，但又不会从自己身上找原因，反而对身边或邻近的富人产生怨恨之情，以至于纠集一帮匪徒，发动暴动和叛乱，真可以说是不知羞耻、铤而走险、以身试法了。这群人一面依靠着国家的法制保障来确保自身的安全并维持全家的生活，但同时又为了满足自己的私欲而破坏自己赖以生存的法制，这难道不是自相矛盾吗？还有那些身家清白以及拥有可观财产的人，只顾着挣钱，却忽视了对子孙的教育。他们的子孙既然没有受到良好的教育，那么变得愚不可及也就不足为怪了。最后有很多变成了放荡懒惰的人，令继承下来的祖业在一夜之间化为烟云。管理这样一群愚民，绝对不能通过讲道理的方式来让他们变得服从，只能通过强力来让他们畏服。西洋有句俗语是这样说的：愚民头顶有暴政，就是针对这种情况来说的。这并非政府过于严厉，而是愚民自己惹来的祸殃。因为愚民会受到政府的严管，而良民则会得到政府的良好保障，这是自然之理，所以我们日本国内现在既然有这样的人民，自然也就会有这样的政治。如果人民的品行比现在还要差，而且都是不学习的文盲，那么政府的法令会比此时更严苛。但是如果人们都一心向学，通情达理，并且能够逐渐养成文明的风气，那么政府的法令便会逐渐变得宽容大度。由此可见，法令的宽容与严酷，只是根据人民有德无德而变得具有弹性的。不会有人欢迎苛政而讨厌仁政，也不会有人不想让自己的国家变得富强而甘心受外国的侮辱，这也是人之常情。生活在当今这个世界上，凡有心报国之人，无须为此身心俱疲，更无须忧虑难安，只要自己努力的主要方向能够顺应人情，首先让自身的品行端正，一心求学，让自己获得与自己身份相匹配的智力与德行，那么政府在施行各项政策的时候也就会很容易了，人民也不会觉得接受政府的统治是一件苦事，反而能够各得其所，大家齐心协力，共同维护这个国家的安定团结——而我劝大家求学的目的也正在于此。

本篇后记

此次我的家乡中津开办学校，我写了《学问的旨趣》这篇文章，为了方便同乡旧友们阅读，曾经将其装订成册。有人看过此书之后说道：

"这本书不但可以供中津的友人阅读，假如广泛传播的话，还可以令世人获得更多的教益。"因此听从大家的劝告，将此文交由庆应义塾排版印刷，以供同道之士阅览。

福泽谕吉　小幡笃次郎志[①]

明治四年[②]未十二月

① 小幡笃次郎：福泽谕吉的早期弟子，两人同为中津人。小幡笃次郎是中津学校首任校长，因此名义上两人在此共同署名。

② 明治四年：1871 年。

第二篇
论人与人平等

从广义来看，既有无形的学问，也有有形的学问，比如心理学、神学、哲学等都属于无形的学问，而天文学、地理学、物理学、化学等学科，都属于有形的学问。它们有的可以让人增长知识和见闻，有的可以让人明辨事理和知晓做人的本分。为了增长知识和见闻，有时需要倾听他人的言论，有时需要自己努力修习，有时需要读大量的书，因此求学一定要先懂得文字。但是如果像古人那样，认为只要能够诵读文字便算是学问，那就大错而特错了。文字只能算是我们求学的工具和手段，就如同人们修建房屋时必须要使用斧锯一样；尽管斧锯是建造房屋必不可少的工具，但如果只是知道工具的名字却不知道如何运用这些工具来建造房屋，那便不能称之为木工。正是由于如此，只会诵读文字却不能明辨事理的人，是无法被称为学者的，人们所说的“只会读《论语》、却不知《论语》”就是这个道理。对于那些能够背诵日本国的《古事记》①却不知道目前的米价，我们便可以说他是不知道怎么过日子的人。再比如通晓经史之奥义却不明白如何经商，无法真正开展贸易，我们便可以说他是不善于理财之人。再比如有个人多年来历尽艰辛，花了好几百元的学费，虽然在西学方面有所小成，却无法解决个人温饱，那我们就可

①《古事记》：日本古代官方修订的史书，所记内容从上古神话传说时代开始，一直到推古天皇时期（554—628）结束。

以说他学的都是不谙时势的学问。这样的人只能被称为文字批发者，其功能与会吃饭的字典别无二致，对国家来说也是一点用都没有的废物，甚至可以将其称为妨碍经济发展的寄生虫。由此可见，过日子也是一门学问，理财也是一门学问，能够洞察时势也是一门学问。只要会诵读日本、中国与西洋的书籍便可以说是有学问的人，哪有这样的道理？这本书尽管名为“劝学”，但其目的可不光是为了劝人诵读文字。书里很多内容都是从西洋的书里直接翻译或者根据其含义所撰写的，并且或抽象、或具体地举出了一些人们可以对照参悟的事例，指明了学问的主要目标。这里将我此前所写的一篇文章作为第一篇，然后对其意进行引申写出下面的第二篇，并且打算再接着写第三篇和第四篇。

论人与人平等

在第一篇的开头，我就曾经说过：人天生就是平等的、自由的，不存在高低贵贱的区别。现在在此基础上继续引申，进行更加深入的阐述：人的出生是上天使然，而并非源自人力。他们之所以可以相互敬爱，各尽其责而又互不妨碍，是因为从根本上说都属于人类，都生活在同一片天地间。正如一个家庭之中兄弟间和睦相处，从根本上来说也是建立在同为骨肉兄弟，拥有同一个父亲、母亲的人伦大义的基础上的。

因此如果针对人和人之间的均衡一致来说，我们就不得不说人与人之间是平等的。但是这种平等并非现实生活中的绝对平等，而是说在基本权利方面是平等的。如果针对现实情况来说，那么世界上确实存在着巨大的贫富差别、强弱差别、智愚差别：有些是诸侯贵族，住在豪华的宫殿里，每天锦衣玉食；有的人是苦劳力，租住在陋巷暗室之中，终日为了衣食而奔波；有的人施展自己的才智，担任官吏或身为巨贾，纵横天下；还有人全无半点智慧，终生只能沿街叫卖糖果；不但有身强体壮的摔跤力士，也有娇弱无力、卖笑为生的妓女。尽管这些人有着天壤之别，但从另外一个角度来看，只针对这些人的基本人权来说，其实是完全平等、没有任何区别的。所谓的基本权利，包括每个人都重视的生命权、努力维护的财产权以及极为珍重的名誉权。上天既然让人类诞生，便赋予了他们身心等各方面的活动。人们可以实现上面这些权利，这是不管怎样都无法用人力来造成妨害的。诸侯的性命和苦劳力的性命同样都是非常珍贵的，富商巨贾之于万金和糖果小贩之于一分一厘，他们把它们当成自己的财产进行守护的心态都是相同的。社会上有两句很不好的谚语：一句是说“哭闹的孩子和地头[①]不容易对付”，还有一句是说“父亲与雇主都不讲道理”。因此有人就说人的权利也需要加以限制，这只不过是混淆现实情况和基本权利的说法。地头与农民尽管在现实情况方面有所不同，但在权利方面并没有什么不同之处，假如发生在农民身上的痛楚也让地头感受一下，他同样会痛得难以忍受；假如将地头喜欢吃的东西放进农民的口中，农民当然也会喜欢吃。厌恶疼痛与喜食美味是人们七情六欲的正常表现，在不妨碍其他人的范围内实现想要实现的情感和欲望便是人的权利。这种权利在地头与农民的身上没有任何轻重的区别，只不过地头富有而强大，农民贫穷且弱小罢了。贫富与强弱是每个人的现实状况，原本也不是完全一样的。可是假如有人现在想凭借自己的富有和强大，对贫穷弱小者蛮横无理，认为这也是由于现实状况不同，而不会对他人应当享有的正当权利造成妨碍，那就如同一个大力士认为自己的腕力很强，于是就凭借自己的腕力将旁人的手腕拧断一样。尽管旁人的腕力原本就不如大力士的腕力那么强，可是尽管他的腕力原本就弱，却并不妨碍他个人去灵活地使用，因此这不能变成他的手腕被拧断的理由，只能说他的手腕被大力士拧断是一种极大的不幸。

现在将上面所说的理论与世事结合起来谈一谈。在以前的幕府时代，武士与平民之间有着非常大的区别，武士们横行霸道，对待农民和

① 地头：封建时代的日本地方官吏，主要负责征收租税。

商人就像今天政府对待犯人一样，甚至出现了“格杀勿论”[1]的规定。在这样的规定下，平民的生命似乎并不是属于他们自己的，更好像是从武士阶层手中借来的、随时会被索还一样。农民和商人没有任何来由地要在武士面前低声下气，在外要让路，在家要让坐，就连自己喂养的马也不能骑。这难道不是太过霸道、不讲道理吗？

上面所说的是武士和平民阶层人与人之间这种相对来说的不公平。至于政府与人民之间的关系，就更不像话了。幕府与三百诸侯在各自的藩地上建立了小政府，可以随意地处置农民和商人，有时尽管会装出一副慈悲相，但实际上仍然不允许人们获得正当的权利，在很多方面实在是令人不忍直视。原本政府与人民之间的关系，就如同上面所说的那样，在实际情况中只是强弱的程度不同罢了，但在真正权利方面却并没有什么不同。农民种植稻米养活了大家，商人从事贸易为世人提供便利，这是他们的职责。政府修订法律，惩治恶人，保护良民，这是它的职责。为了更好地履行这些职责，政府需要非常多的财政经费，但政府自身又不会生产米谷金钱，所以就需要向农民和商人征收赋税，用以维持各项支出，但这一点是经过双方同意之后所确定的协议，这便是政府与人民双方立下的约定。因此倘若农民和商人能够按时缴纳赋税，严格遵守法律，那么就可以说他们尽到了自己的职责；而政府在得到了这些赋税之后，将其用于正当的支出，又能够为人民提供保护，那么也可以说政府尽到了自己的职责。假如双方都尽到了义务，又没有违背约定，自然就不会发生什么异议，那么双方各自行使自己的权利，没有道理向对方进行任何的干涉。但是在幕府时期，人们将政府称为主上，假如是奉主上的命令去办差，便肆意地逞威风，一路上坐轿子不给钱，坐船渡河不给钱，让挑夫挑担子不给钱，这些老爷甚至还会向挑夫勒索钱财用

---

① 格杀勿论：德川幕府时期，武士只要觉得平民与贱民的行为对自己无礼，便可以随时随地拔出刀来将他们杀死。

来喝酒，真的是可恶至极。除此之外，还要为了满足王公贵族的嗜好与享受而兴建各种土木工程，或是由于官吏渎职，办事不公，用度无算，以致收入远远赶不上支出，因此就想出各种各样的名目来征收苛捐杂税，美其名曰“回报国恩”。所谓“国恩”的含义，据称是能让农民、商人等不用害怕盗贼和暴徒，过上幸福安乐的生活，便可以算是政府赐予的恩惠。人民能够过上幸福安乐的生活固然是仰赖政府制定法律来保护他们，可是制定法律、保护人民本来就是政府需要尽到的职责，这不能称为恩惠。倘若政府将为人民提供保护称为恩惠的话，那么农民和商人为政府提供财税收入，也就可以称为恩惠了。再如政府将处理人民的诉讼事务当作自己的负担，那么人民也可以这样说：“自己辛苦种出来十包大米，却被拿走了五包作为租税，那么这可以说是我们最沉重的负担了。”所以说“公说公有理，婆说婆有理”，道理永远是说不清的。反正假如相互之间有相同的恩惠，那就不存在一方需要向另一方道谢，而另一方心安理得的道理了。

对这种恶俗的起因进行追溯，其实是从根本上违背人类生而平等这一大原则，将贫富强弱的现实状况当成为非作歹的理由，导致政府凭借强权剥夺了贫弱人民的权利。所以一个人一定要时刻谨记相互平等这一原则，这是人类社会最重要的一件事。用西洋人的话来解释，就是“reciprocity”（互惠、互助）和“equality”（平等）。我在第一篇开头所说的人和人之间生来就是平等的，也是这个意思。

上面的议论尽管看似是对农民和商人的偏袒，而且看上去好像有些夸张，但从另一个角度来看，又可以得出其他一些结论。举凡与别人交往的方法，必须要根据对象的不同而变换方法。以前人民与政府之间的关系可以说是二位一体但又有职责上的分别，而且建立在了接下来所说的紧密的约束的基础上，即政府作为人民的代表来执掌法律，人民必须要谨守法律。比如现在，日本国内凡是遵奉“明治”这个年号的人，便等同于缔结约定，同意遵守政府颁布的法令。所以一旦国法制定并公布，即便对少数人造成了不便，那么在对其进行修订之前也不可变更，一定要万分小心、谨慎遵守，这便是人民的责任。可是总有些不学无术的文盲，他们连“有无道理”的“理”字都不明白，除了衣食住行之外再也不知道别的。因为不学习，所以有着强烈的贪欲，公然欺骗别人，狡猾地逃避政府的法令，不知道国法和自己的职责到底是什么。尽管子女成群，却不知道如何教育子女，这便是通常所说的毫无廉耻、铤而走险、以身试法的恶徒蠢材。如果他们子孙繁盛，那么对国家而言不仅无益，而且有害。要惩治这样的恶徒蠢材，绝对不可以跟他们讲道理，除非在迫不得已的情况下用武力来震慑那些横行霸道的大害之外，再也没有其他的好办法。这便是世上所以存在强权政府的原因。不但我国以前的幕府是这样，自古以来，亚洲各国都是如此。因此一个国家的暴政不一定都是由于暴君酷吏导致的，事实上也可能是因为人民的无知而导致的祸殃。有些人受到他人的唆使，去从事暗杀活动；有些人误解了新法，发动了暴乱；有些人采用强盗的方法，洗劫了富有的人家，酗酒偷盗——这些人的行为简直不是人类所能做出的行为。要想治理这些蟊贼，即便是释迦牟尼和孔夫子，恐怕也没有什么好的办法，因此只能通过严厉的政令来管理。所以我们可以这么说：如果人民不想在暴政下生活，就一定要尽快立志求学，提升自己的才能和德行，使其达到能够与政府平等的程度，这便是我们劝导世人一心求学的宗旨。

第三篇
论国与国平等

正如第二篇所说的那样：生而为人，不论强弱和贫富，也不论人民还是政府，互相之间在权利方面是没有任何差别的。这里进一步延伸这层意思来讨论一下国与国之间的关系：无论哪个国家都是由它的人民所组成的，日本这个国家是由日本的国民组成的；英国这个国家则是由英国的国民组成的。既然日本的国民和英国的国民一样，都是天地之间的人，那么相互之间也就不存在妨害权利的道理。一个人既然不存在加害另外一个人的道理，那么两个人也不存在加害另外两个人的道理，推而广之，100 万人、1000 万人也是一样。事物的道理原本就不应该根据人数多少来改变。

环顾世界各国，有些国家由于文明开化，文事武备各方面都非常昌盛，因此成了富有强大的国家；有的由于蒙昧尚未开化，文事武备各方面都处于落后状态，因此积贫积弱。一般来说，欧美各国富强，亚非各国贫弱。尽管这些国家的现实状况存在着贫富强弱的差别，但假如此时有的国家想依仗着自己的富强之势来欺压弱国，那么就跟大力士用蛮力拧断有病之人的手腕一样，对国家的权利来说，这是不可容忍的。

以今天日本的现状而言，尽管有些地方尚且赶不上富强的西洋各国，但仅仅针对国家的权利而言，却不存在丝毫轻重的区别。假如平白无故地受到了外来的欺凌，那么就算是与全世界为敌也没什么可惧怕的。就像第一篇里所说的那样，“那么日本的全体国民就应该拼出性命来抗争，以达到使国威不坠的目的”。说的就是这个道理。况且贫富强弱本来就不是上天注定的，只取决于人是否努力。今日之愚人到了明天可以变为智者，以前富有强大的国家如今可能沦为贫弱之国，从古到今这样的例子绝不鲜见。假如我们日本国的国民从此之后立志求学，不断充实自己的力量，先谋求个人的独立，再谋求国家的富强，那么西洋人的强势又有什么可怕的？我们只须与讲道理的国家建立邦交，对于不讲理的国家就用武力驱逐它。这便是一个人独立与一个国家独立的道理。

每个人都能独立，那么国家就能独立。

上面说国家与国家的地位是平等的，但是假如国人不能培养独立之精神，那么国家的独立权利就仍然无法得到伸张。其中的理由包括以下三个方面：

第一，一个人如果不具备独立精神，便不会深切地关心国事。

所谓的独立，便是不再存在依赖别人的想法，可以自己主宰自己。比如自己可以辨明事理，处置得当，便是不仰赖他人智慧所谋得的独立；再比如可以靠自己身体或是内心的操劳来维持个人的生活，就是不仰赖别人给予钱财所获得的独立。假如每个人都没有独立之心，总想着依赖别人，那么整个国家就全都是一些仰赖于别人的人，也不会有人来负责，这就如同盲人的队伍里没有一个带路的人，这是不行的。

在一个国家之中，才能和品德足以当上统治者的，1000 人里面也不过只有一个人。假如一个国家人口百万，那么其中的智者也不过 1000 人左右，剩下 99 万人全都是愚昧无知的小民。智者凭借自己的才能和德行来治理这些人，要么爱民如子，要么牧抚如羊；他们恩威并施，指明了方向，人们也在不知不觉间服从了上位者的命令，所以国内没有听说过有盗窃杀人的案件发生，治理得非常安稳。但是国人之中可以分为主人、客人——主人是那 1000 个有能力统治这个国家的智者，客人则是其余那些对任何事都不闻不问的人。既然身为客人，自然也就无须操心，只要听从主人的安排就行了，那么他们对国家肯定也是冷漠麻木，毫不关心，不像主人那样爱国了。在这样的情形之下，发生在国内的一些事情还可以勉强来应付，一旦和外国交战，便会出现很大的问题。那时，人们由于无知，就算不会倒戈相向，也会因为把自己当成客人而认为没有必要因此而牺牲自己的性命，以至于出现大多数人都逃跑的结果。因此这个国家虽然号称拥有人口百万，但真正到了需要国民献身来保卫时，却只有极少数的人留下来共进退，这样的话，如果还想让国家保持独立就是一件很困难的事情了。

显而易见，要想抵御外侮，保家卫国，就一定要让整个国家充满一种自由、独立的精神。每个人不分高低贵贱都需要将国家兴亡的责任担在自己的肩上，每个人不分智愚明昧都需要尽到一个国民应尽的义务。不论是英国人还是日本人，他们都拥护自己的国家，因为这个国家的土地并不属于其他国家的国民，而是属于自己的，因此爱国就要跟爱自己的家一样。为了自己的国家，不但可以牺牲自己的财产，就算是牺牲自己的性命也在所不辞，这便是报国之大义。

以前政府管理政务，人民接受它的统治，只不过是为了便利才这样划分的。假如面临着关系全国的大事，那么从人民的职责角度来说，是没有理由只将国事交给政府，而自己却熟视无睹。一个人只要拥有一个国家的国籍，那么他便有在那个国家自由、随意地饮食起居的权利；既然他拥有这样的权利，那么也就不能不尽自己的义务。

以前在战国时代①，来自骏河的今川义元带领着数万人马攻打织田信长的时候，织田信长在桶狭设下埋伏，袭击今川所率领的人马，最终斩杀了义元。今川的将士和兵马都像小蜘蛛一样四散奔逃，当时久负盛名的今川政权在一夕之间覆亡，连痕迹都找不到了。但是两三年之前发生在欧洲的普法战争，法国的皇帝拿破仑三世在战争刚刚开始的时候就

① 战国时代：从公元 15 世纪末开始，日本出现群雄割据、连年征战的局面，直到织田信长、丰臣秀吉等人完成了国家的统一。这段时间约有百年之久，被称为战国时代。

被普鲁士俘虏，但是法国人不但没有因此而失望，反倒是更加斗志昂扬，努力抗战。此后虽然守城几个月，付出了很大的牺牲，终于停战讲和，但法国却基本保持了原状。与今川战争相比，此次战役却是不可同日而语的。因为骏河的人民仅仅依靠今川一个人，以客位自居，不觉得骏河是自己的祖国；至于法国的爱国之士，大多数都为国难感到深深的忧虑，不等别人劝说，就主动请缨，为国而战，因此才会出现两种不同的局面。由此我们可以明白一个道理：在保卫祖国、抵抗外来侵略时，全国所有的人都要具备独立的精神，只有这样才能深切地关心国事，否则就绝无可能。

第二，在国内无法得到独立地位的人，也无法在与外人接触的时候获得独立的权利。

缺乏独立精神的人，一定会对别人形成依赖；依赖别人的人就必定会怕人；怕人的人必定会谄媚奉承别人。如果总是怕人和奉承人，慢慢形成习惯之后，他的脸皮就会变得像铁皮那么厚。对于应该感到羞耻的事情也不会觉得羞耻，应该与别人讲道理的时候也不敢跟人辩论，见到别人之后只知道屈服。所谓的本性、习惯都是指这些，一旦变成习惯之后就很难改变了。比如目前日本平民已经获得了冠姓和骑马的允许；法院的工作风气也有了变化；从表面来看，平民和士族之间已经是平等地位，但是老习惯并不是马上就可以扭转过来。因为平民的本性仍旧与以前没有什么变化，所以在言语对答这些方面还是非常谦卑的。一旦看到了上面的人，就无法讲出一句有道理的话；让他站住就站住，让他跳就跳。那副柔弱顺从的样子，就如同家中所喂的瘦皮狗，真的是一点气节也没有，简直可以说是不知羞耻到了极点。

以前在锁国的时代，旧幕府采取严厉的政策对人民加以约束，人民尽管没有气节，但不仅没有对政事造成妨碍，而且有利于进行统治。所以官吏便有意让人民陷于愚昧无知、一味恭顺的状态，并为此而自鸣得意。但是到了如今与外国进行交往的时候，如果仍然如此，便会产生极大的危害了。比如说，长年居住在乡下的商人想要跟外国的商人进行贸易，他们带着恐惧的心理来到了横滨。第一眼见到外国人那魁梧的身体，然后是雄厚的资本、豪华的洋行、飞快行驶的轮船，便已经吓得心惊胆战，等到靠近了这些外国商人，跟他们谈价钱，或是遇到有些外商蛮横无理时，就会变得既惊且惧，虽然明知道对方是无理的一方，却也只能忍受着巨大的耻辱，更要遭受经济上的损失。这样的耻辱和损失不是属于他一个人的，而是属于整个国家的，这确实是愚蠢、糊涂到了极点。但假如我们追溯其根源的话，却是由于他们的先辈世世代代都缺乏这种独立的精神以及商人本身所带有的劣根性。商人经常会受到武士的欺凌，经常会在法院里被骂，就算是遇到下级的士兵，也会将其当成大人来讨好，他们的灵魂已经完全腐烂了，绝不可能通过一朝一夕就能洗涤干净。这些怯懦的人，一旦碰上了那些胆大、剽悍的外国人，怎么会不感到心惊胆战呢！这便是在日本国内无法独立的人在国外也无法独立的有力证据。

第三，缺乏独立精神的人会变得仗势作恶。

以前在旧幕府时代，有一种被称为“名目金”[①]的勾当，比如假借权势熏天的“御三家”[②]的名义对外放贷，做法非常野蛮，着实令人觉得可恨。假如有人借了钱之后不能按时还款，原本是可以向政府进行多次控告的，但由于他们畏惧政府而不敢前去控告，反而采取卑鄙的手段，借着别人的名义、仗着别人的威势来催还贷款。这真的可以说是一种卑劣的做法。如今尽管已经没有再听说有谁是出借“名目金”的，但是社会上难保没有假借外国人的名义对外放贷的人。由于我们无法得到确切的证明，也就无法明白地指出来，但只要想起以往那些事，也就不可能不对现在的人有所怀疑了。以后，我们要和外人杂处，如果真的有

① 名目金：即假借有权势的诸侯、大名、寺社的名义向外借出贷款，且利息很高。

② 御三家：指德川幕府时代的纪州、水户、尾张三家（藩），其首代藩主都是德川家康的儿子，在全国诸侯之中地位最为显赫。

人假借外人的名义来做坏事，那就不得不说是国家的灾祸了。所以，倘若人民没有独立的精神，那么就算便于管理，却也不能因此而疏于防范，因为灾祸通常都是意外发生的。国民的独立精神越少，出卖国家等灾祸发生的可能性也随之增大，这便是我们前面所说的仗势作恶。

上述三方面都是因为人民不具备独立精神所容易导致的灾祸。生在当今这个世界，只要拥有一颗爱国心，那么无论是官是民，首先要做的事情就是谋求自身的独立，如果行有余力，那么就去帮助他人获得独立。父亲教导儿子独立，兄长教导弟弟独立，老师鼓励学生独立，士、农、工、商各个阶层全部独立，然后就去保卫自己的国家。总而言之，政府与其限制自己的国民而独自为国事操劳，还不如解放他们，与他们同舟共济。

第四篇
论学者的职责和本分

最近私下里听到一些自命不凡的见解。有些人认为："日本以后是盛是衰很难通过个人的智力来进行明确的推理和判断，但是不知道到底有没有丧失独立的危险，照眼下这种局面来看，倘若日本可以逐渐进步，或许有可能成为文明昌盛的国家。"有些人提出："日本是否能够保持独立，如果不等二三十年再看，这个问题是很难做出准确预判的。"有些人甚至还听信了那些对日本极为蔑视的外国人的看法，认为不论如何，"反正日本的独立是非常危险的"。

当然了，我们不会是那种不管听到别人说什么就信以为真、丧失信心的人，但是假如从根本上丝毫不怀疑日本能否保持独立这个问题，那么也就不会有人、有借口提出上述这些问题来了。倘若我们去英国询问："大不列颠是否能够保持独立？"英国人肯定会哈哈大笑，绝对不会回答这个问题，因为他们认为这根本就不是一个问题，没有任何值得怀疑和讨论的余地。尽管日本的文明程度已经较之前进步了很多，但很多人仍然不免对它的前途抱有疑虑，作为日本的国民，又怎能不对此感到寒心呢？我觉得既然生来就是一个日本人，那么就不能不明确地认清并尽到自己的本分。原本"政"这个字的含义是指政府的职责，但是在民间也有很多与政府无关的事务，因此为了做好全国所有的事，人民和政府一定要互相配合，我们尽自己作为国民的本分，政府尽作为政府的本分，互相帮助，只有这样才能保持国家的独立。

要想让一件事物一直维持或保持下去，就必定让它的力量达到平衡状态。比如人的身体，要想保持健康，就必须要有充足的饮食、空气与阳光。体表受到寒、热、痛、痒等刺激，体内就会做出相应的反应，然后对全身进行调和。假如突然失去了外部的刺激，置一切于不顾，仅仅依靠身体内部的活动，那么健康状况连一天都不可能维持下去。国家也是如此，“政”是全国的功用，要调和这种功用，保障国家的独立，在内需要依靠政府的力量，在外需要仰仗人民的力量，内外相互呼应，实现力量的平衡。所以政府就像身体内部的活动，人民就像身体外部感应到的刺激，假如突然失去了这种刺激，只是依靠政府力量来活动，那么这个国家的独立连一天都不可能保持住。倘若能够明白养生之道，并将它的原则用于治国，那么对于这个道理也就不会有丝毫的怀疑了。

试观我国现在的形势，无法与外国相比之处，大约就是贸易、学术和法律这三个方面。而世界文明的主要内容，也不外乎这三项。倘若这三项不能够完备，那么国家也就无法实现独立，这一点不用说大家也都能够明白。但是，日本国这三项哪一项都不完备。

自从维新开始之后，政府方面也并非没有在人力、物力方面进行投入，也不是没有足够的财力；但颁布的大部分措施总是无法让人感到满意，其原因就是国民大多数都是无知的文盲。政府也知道原因所在，于是不断颁布奖励学问的法令，制定法律以及经商的准则，或是晓谕人民，或是示范先例。但虽然用尽各种各样的方法，直到今天仍没有见到实效，其原因就是政府仍然是一个专制的政府，人民仍然是缺少志气的愚民。所有的努力或许能够稍微产生一些进步，可是如果与花费的精力、金钱来比较的话，那么所获得的效果则远远不够。这到底是什么原因呢？归根结底就是，一个国家文明事业的昌盛绝对不能仅仅依靠政府自己的力量。

或许有人会这样认为：政府统治这一类的愚民只不过是临时的策略，等到日后德、智并进，自然就能够达到文明社会的要求。这样的话可以说说，但绝对不可真正实行。日本国的人民受了几千年专制统治的痛苦，每个人都不敢将自己的心里话讲出来，要么是相互欺骗来苟且偷安、逃避罪责，大家都将欺骗当作为人处世的法宝，将不诚实当作日常的习惯，既不对此感到羞耻，也不认为这是咄咄怪事，自身的廉耻都已经丧失殆尽，又哪里有空来关心国事呢？为了矫正这种不良的风气，政府反而更加虚张声势，要么就是加以恫吓，要么就是进行叱责。原本想通过强力来让诚实之风兴起，反而让人民对政府变得更加不信任，这种状况恰似抱薪救火，最终导致了上下隔绝，变成了一种无形的风气（差不多等于英语中所说的“Spirit”），无法立刻根除。从目前来看，尽管政府表面上已经有了很大的改观，可是专制和压迫的政风仍然存在。尽管从表面上看人民也得到了一点点权利，但是那种卑躬屈膝以及对政府不信任的风气仍然没有什么改变。这种风气虽然没有什么固定的形体，无法从一个人、一件事上来体会和感受，但它实际上却有着很强大的力量。如果我们从它对整个社会的影响来看，就可以明显感觉到这种力量并不弱小。

我试着举一个例子来进行说明。从当今官员的个人言行来看，他们似乎都是一些心胸豁达的名士、君子，对他们，我们不仅没有任何成见，而且还会对他们的某些言行表示钦佩。从另外一个方面来看，在平民中也并非都是愚蠢无能之人，其中一些人也可以被称为诚实公正的良民。但是这些君子在成为政府官员为人民办事的时候，他们采取的很多措施都让我们感到不满。与此同时，那些诚实公正的良民只要稍微与政府一接近，便马上变得卑躬屈膝，采用伪诈的诡计来欺骗官员，一点都不觉得羞耻。这种君子为政与良民变得卑躬屈膝的情状就像是一个长着两个头的人，在私是个智者，在官是个愚民，也可以用“散则明，聚则暗”来形容。在政府内部，应该聚集着很多的智者，但他们却做出了愚人才会做的事情，这怎能不令人感到奇怪呢？探究其本源，应当是受到了上述风气的影响，以致让人们无法充分发挥自己的才能。自从维新开始之后，尽管政府努力振兴学术、贸易和法律等，却始终未见成效，其原因也是由于这一点。采用一时的权术来统治人民，等待人民德智的增长，如果这不是通过威力来迫使人民进入文明的状态，便是采取欺骗的手段让人民伪装成善良的人。政府如果使用强力，人民便会通过诈伪的手段来应付；政府如果使用欺诈的手段，人民就只是在表面上变得服从，这绝对不是什么上上之策。就算策略再巧妙，但如果只是想通过它来推动文明的发展，显然是无济于事的。因此，我们说推动社会文明的发展，绝对不能只依靠政府的力量。从中我们也可以看到，假如此时我国要进入文明的领域，必须首先将已经刻在人内心深处的风气清除干净。其清除的方法，仅依靠政府的命令和私人说教是很难收到成效的，必须要有先进者以及为人民做表率的人。做表率的人物既不能在商人和农民之中寻找，也不能在日本的国学家与汉学家之中寻找，只有洋学家才能够当此重任，但也不能对他们抱着完全相信的态度。最近社会上这一派人物已经慢慢变得多了起来，他们要么讲授西文，要么专门阅读翻译书籍，虽然看上去竭尽了全力，但有些学者只会读文字，却不了解其中的含义，要么就了解其中的含义却没有实行的意愿，对于这一部分人的行为，我们不能不有所怀疑。这种怀疑就是：这些君子和学者都只知道如何做官，却不知道靠自己的力量来兴办实业；只知道居于政府上位的权术，却不知道处于政府管辖之下时应该如何行事，还是难免沾染上汉学家的旧习气，就像披着西洋外衣的汉学一样。

接下来我试着举出几个实际例子加以说明。如今洋学家们全部走上了仕途，但自己兴办实业的寥寥无几。他们的目的不只是为了贪利，还因为他们从一出生就受到了先入为主的教育——眼睛只是盯着政府，觉得不是政府的事情就不能去做。抱着如此的成见，他们心里想的就只是实现自己平生所抱的“平步青云”的理想；这一点就连社会上那些德高望重的先生也是概莫能外。他们的行为看上去虽然卑贱，但其真实用心却也无须深究，因为他们的本心也坏不到哪里去，只不过是在不知不觉间被社会风气同化了而已。德高望重的君子尚且如此，庸碌大众又怎能不效仿他们这种习气呢？

年轻的学生只不过读了几本书便想着当官；想要经商的人手里只拿着几百元钱，就想借官府的名头去做生意。创建一所学校需要政府许可，传教布道需要政府许可，就连放羊、养蚕也要政府的许可，算下来民间诸事之中百分之七八十都与政府有关。所以，天下人望风披靡——畏惧官，羡慕官，奉承官，投靠官，不具备一丝一毫的真正独立的精神，那种丑态真的是令人不忍直视。比如目前正在出版的报刊以及来自各方面的条陈和上书，也能算是一个例证。虽然日本的出版条例并没有那么严格，但是报纸上不仅绝对没有冒犯政府、触动忌讳的新闻刊登出来，而且只要政府做了一些小小的好事，就会进行过分甚至是夸张的称赞，几乎跟妓女讨好嫖客一样。

再看看那些条陈和上书，这种文章往往用极为谦卑的言辞写成，文章中将政府奉若神明，将自己贬低得像一个罪人，与这样一种社会上地位不对等的人物交往时才会使用的虚文俗套，真可以说是不知廉耻。读过这些文章之后，只能将他们想象成一群癫狂的人。可是如今负责出版报纸或是向政府上书的人，差不多都是社会上那些洋学家。就他们个人的本性而言，不见得是妓女，也不见得是癫狂之人，他们之所以会不诚实到了如此地步，是由于目前社会上尚未有首先提倡民权的实例，每个人都被那种卑劣的风气影响和控制，以至于同流合污，所以无法展现出人民的本色。总而言之，就目前来看，我们可以认为日本还是只有政府，却没有人民。因此要想彻底革新这种风气，推动社会文明的发展，就不能只靠现在这些洋学家。

假如上述论点是正确的，那么要想推动日本国文明发展并保持独立，就不能只靠政府一方面来努力，也不能寄希望于那些洋学家。像我们这样的人不但要给那些愚昧的人民做一个榜样，而且要成为洋学家们的先驱，为他们指明方向。想想我们现在的身份，学识当然还是很浅薄的，但是立志研究西洋学问已经有很长的时间了，在日本国内的地位差不多处在中等以上；最近这些年来的改革事业尽管不是由我们来担任主力，但也在暗中帮了不少忙。即便是没有在暗中帮忙，只要人们看到我们对改革持欢迎态度，也必然会将我们视为改革家；既然背上了改革家的名头，又处在中等以上的地位，那么人民自然就会将我们的一言一行当成范例。因此我们的任务也就是发挥带头作用。

无论什么事，与其下达强制命令来推行，倒不如采取说服教育的方法，但还有更好的方法，那就是做出点实际的事例给别人做榜样。政府虽然有权下达命令，但想要说服人民以及用实例做示范，更多的属于个人的行为，因此我们便应该从个人的立场和角度出发，要么进行学术研究，要么从事商品贸易，要么宣讲法律，要么著书立说，要么出版报纸，等等，只要我们所做的事情没有超过人民的本分，就可以放心大胆地做。我们严格遵守法律，照章办事，如果由于政府政令执行不到位而觉得自己受了委屈，也不要畏缩，应该据理力争，这就如同向政府当头棒喝一样，革除积蓄已久的弊病，让人民获得权利，确实是今日最急迫的事务。本来私营实业有很多种类，做这些事的人也可以说是各有所长，所以我们也无须要求所有的学者都来做这些事情。我想要的并不是向别人展示办事的能力，而是想让世人明白举办私营实业应该从哪个方向着手。

与其费一百次力气试图说服别人，不如用一次实例作为示范。现在让我们一起树立举办私营实业的实例，就能够让人们明白，人间的事业是不能只靠政府来做的，学者、民众各自站在自己的立场，都可以举办个人的实业。政府是这个国家的政府，人民也是这个国家的人民，所以人民也不应对政府感到害怕，而是应该向政府靠拢；不应该对政府感到疑虑，反而应该与政府亲近。假如明白了这样的道理，人们就会慢慢明白正确的方向在哪里，上层和下层之间原有的风气也会慢慢消弭；只有这样才能够产生真正的日本国民，让他们不至于变成政府的玩物，而是真正成为刺激政府不断前进的力量，进而使人们在学术上、商业上和法律上展现出各自的能力和天赋，人民和政府之间的力量对比也能够达到平衡，进而保持国家的独立。

总而言之，本篇的主要内容就是谈论当今的学者帮助政府实现独立的两种途径，即进入政府当官与在政府权力范围之外举办私人实业的利弊得失，并且对后者持赞同态度。假如仔细研究世上之事，我们就能明白，无利便意味着有害，无所得便意味着必定有所失，没有什么利弊得失参半的事情存在。我们并不是因为有什么图谋才主张举办私营实业的，只不过是将自己生平的见闻进行陈述和讨论。假如社会上有人能够拿出确切的证据来反驳这一论点，清楚地指明私营实业的不利之处，那我们是会非常高兴地接受的，但是，想必举办私营实业这一措施不会导致天下大乱这种严重的后果吧！

第五篇
明治七年元旦献词

《劝学篇》原本是为了给民众提供读本以及小学课本而写作的，因此从第一篇、第二篇到第三篇，我尽可能地使用了通俗易懂的文字，希望这样可以方便阅读。但是在写第四篇的时候，我在文体上稍做了一些变化，偶尔也使用了一些比较难理解的文字。本篇是第五篇，是明治七年元旦当天，我在庆应义塾举办的同志集会上的一篇讲话稿。这篇文章在体裁上与第四篇基本上相同，间或也难免有一些难以理解的地方。因为这两篇所面对的对象都是学者，中心论点也都是围绕着他们所展开的，因此才使用了这种写法。世上的学者通常都非常谨慎，缺少足够的勇气，但是阅读文字的力量还是足够的，不论多么深奥的文字，也不会觉得困难，因此我便不假思索地将这两篇文章的文字写得有些难了，其中的意义自然也高深了一些，所以《劝学篇》这本书也就丧失了作为普通民众读本的价值，对于刚刚开始学习的人来说，真的是非常抱歉了。但是在第六篇之后，我会恢复之前的体裁，力求做到通俗易懂，不再使用难以理解的文字，以便于初学者来阅读。我也希望广大读者不要根据这两篇文章来判定全书的难易。

明治七年元旦献词

今天我们聚集在庆应义塾，共同迎接明治七年的元旦。“明治”这个年号是日本国独有的年号，庆应义塾也是由我社独立创办的一所义塾；

能够在一座独立的义塾里迎接一个独立年号的新年，这难道不是一件非常令人高兴的事情吗？但是，凡事得到之时固然可喜，失去之时也会让人忧愁，因此我们今天在高兴的同时，也不要忘记他日必有忧愁之事。

日本国虽然经历了多次治乱兴衰，政府也屡有更迭，可是直到今天，却一直都没有失去独立的地位。归结其原因，完全是由于我国的人民安于闭关锁国的状态，治乱兴衰从来也不会跟外国发生关系。既然跟外国没有关系，那么治就成为一国之内的治，乱也便成了一国之内的乱。再说经历了这样的治乱兴衰却不曾丧失的独立，终究也不过是一国之内的独立，而非与外国交锋之后所获得的独立。这就如同一直关在家中抚养、尚未与外人接触和交往过的儿童一样，它的脆弱性是不难想象出来的。

如今我们的国家突然与外国建立了外交关系，那么国内发生的每一件事情就都跟外国建立起了千丝万缕的关系，几乎每一件事情都要参照外国来办理。如果将我国从古至今所达到的文明程度与今天西洋各个国家的情况进行对比，那么就不只是要“退避三舍”，就算是想学习他们，也难免生出望洋兴叹的感慨，以至于更加认为我国的独立地位是非常不牢固的了。

一个国家的文明程度如何，不可以单从表面进行衡量，所谓的工业、学校、陆军和海军等，这些不过是文明的表象，要想达到这种表象，并不是什么难事，只要有钱，通通都能够买到。但是在文明之中还应该存在一种无形的东西，用眼睛无法看到它，用耳朵无法听到它，这种东西无法买卖，也不可借贷；但是它却可以普遍地存在于全体国民的身上，发挥出强大的作用。如果没有了这种东西，国家所拥有的工业、学校、陆军和海军等也会全部失去效用，我们真的可以将其称为“文明之精神”，因为它是一种非常重要而且非常伟大的东西。它到底是什么呢？它就是每一个人都应该具备的独立精神。

近年来，虽然日本国政府不断地开设学校与兴办工业，海军和陆军的制度也有了大幅的改观，在形式上已经初具文明国家的样子。但是我们的国民还没有坚定巩固国家独立地位的决心，也没有准备好对外展开竞争。不光如此，就算是偶然获得机会了解了西方国家的情况，也仍然有人在还没有进行了解之前就感到畏惧，既然总是带着畏惧心理，那么就算我们稍微能够学习或者得到些什么，也无法对外使用。由此可见，如果人民不具备独立的精神，就算在形式上拥有了文明，最终也会使这些形式上的东西变成无用的废物。

我们国家的人民缺少独立精神的根源，是因为几千年来国家的权柄完全掌握在政府的手里，不论文事、武备，还是工业、商业，甚至是民间的琐碎细节，也全都归政府来管辖。人民只知道在政府的指挥下奔走操劳，国家如同政府的私有财产，国民更像是寄居在这个国家的食客一样。人民既然变得像四处流浪的食客，只能寄食于这个国家内部，便会将国家视为旅馆，从来也不会对国家进行深切的关心，这样也就无法得到表现自己独立精神的机会，久而久之就会成为流行全国的风习，到了如今，这种风习就更是变本加厉了。但凡世间之事，不退则进，不进则退，绝对没有不退不进、处于停滞状态的道理。试看现在日本国的形势，就算在文明的形式上已经有了一些进步，但作为文明精神内核的人民的独立精神却一天天衰退。现在就针对这一点来进行讨论：从前，在足利时代[①]与德川时代，政府只是靠着强力来奴役人民，人民向政府臣服是因为力量不够强大。力量不够强大并不能让他们对政府心悦诚服，他们只不过是慑于政府的强力而在表面上屈服罢了。如今政府不但有强大的实力，而且有着非常敏锐的智力，一直以来做事都能把握最佳时机，因此施行新政还不到十年的时间，便兴建了学校，改革了军事，有了铁路和电报，还修建了很多桥梁、隧道等，其决断之迅速，业绩之辉煌，的确能够令人感到耳目一新。但是这些学校、军队乃是政府的学校

① 足利时代：又称室町时代，始于公元 1378 年，结束于 1565 年，因第一代将军为足利尊氏而得名。

和军队，铁路和电报也是政府的铁路和电报，桥梁和隧道当然也是属于政府的。

那么人民到底如何看待这一切呢？人们都这样说：政府不但有能力，而且也很有智慧，我等实在难以企及；政府在上面统治着整个国家，我们在下面完全仰赖着这个国家，为国事用心操劳是政府的职责，与在下位的百姓没有关系。概括来说，古代的政府只知道使用武力，如今的政府是武力、智力兼用；古代的政府不懂得如何治理百姓，如今的政府拥有丰富智术和手段；古代的政府是抑制民力，如今的政府是聚拢民心；古代的政府是从外部压榨人民，如今的政府是从内部来对人民进行控制；在古代，人民将政府视为魔鬼，如今，人民却将政府视为神明；古代的人民对政府心存畏惧，如今的人民对政府崇拜万分。如果不趁着现在这种情势尽快改弦更张的话，那么政府日后再倡导什么事情，就算文明的形式越来越完备，但人民却只会越来越失去独立精神，进而导致文明的精神也慢慢衰退。比如政府现在设立了常备军队，人民原本应当将其看作保卫国家的军队，手舞足蹈地庆祝它的发展壮大，但实际上却将它视为恐吓胁迫人民的工具，因此一想到它心里便充满了恐惧。又比如政府现在兴办了学校、铺设了铁路，人民原本应该将这些当作一个国家文明的象征进行夸耀，但事实上却将它当作了政府赐予的恩惠，在这样的恩赐之下，那种依赖的心理就变得更加强烈了。既然人民对自己国家的政府抱着一种恐惧畏缩的心态，又怎能谈及在文明方面与外国展开竞争这个话题呢？因此倘若人民不具备独立精神的话，那么这种表面上的文明就不仅仅是没有任何用处的废物，甚至还会让民心萎靡不振。

由此可以看出，一个国家的文明，一来不能由政府自上而下发起，二来也不能在普通民众中自下而上产生，而是需要让那些居于两者之间的人来发起，这样一来可以向人民群众指明方向，二来可以和政府齐心协力，共同合作，只有这样才能渴望获得成功。对西洋各国的历史进行考察之后，工业、商业的经营之道没有一个是由政府来创立的。其基本技术都是居于社会中等地位的专家学者们研究和发明出来的。比如瓦特发明出了蒸汽机，史蒂芬孙[①]研制出了铁路，亚当·斯密[②]第一个对经济规律和经商方法进行了研究和改进。这些重要的专家（也就是人们所说的“中产阶级”）既不是执掌国家政权的政治家，也不是从事体力劳动的平民，而是正好居于政府与平民二者之间的中等地位，通过智力的运用来引领社会发展的人。他们的研发成果，首先会让一个人在内心有所领悟，此后再公开发表，并且在实际推行和应用的过程中结交更多的私人同志，让其一天天发展壮大，将为人民造福的伟大事业流传下去。在这样的时刻，政府只要不去阻挠，然后适时加以鼓励，体察人心之所向，尽量对其进行保护就可以了。因此由个别人来首倡并兴办文明事业，但政府则需要出面保护文明事业的发展，如此一个国家的人民就可以将增进文明当作自己的责任，而且会相互竞争和比赛，并相互夸耀和羡慕。在国内发生了一件好事，那么整个国家的人都会拍手称快，唯恐让其他国抢占先机，因此文明的事业便会成为让人民增长志气的工具和手段，无论什么样的事物，都有助于帮助国家获得独立。但是我们国家的现状却与我上面所说的情形正好相反。

目前，在日本国处于“中产阶级”的地位、有能力首倡文明、推动国家走向独立的只有一些学者。但是他们观察、分析时局的眼光并不深刻，或是对国事的操劳不像对个人事务那么真切，或是被世风所同化，认为只能仰赖政府才可以成事，他们几乎都不能安于身为学者的现状，最终都踏入宦途，为了一点微末的俗务而奔波，让身心受到劳累。尽管他们的一举一动颇多可笑之处，但他们却心甘情愿地这样做，那么别人也就不会觉得奇怪；甚至有人将这种现象当作“野无遗贤”的证明，并

---

① 史蒂芬孙（George Stephenson，1781—1848）：英国土木工程师、机械工程师和发明家，被称为“铁路之父”。

② 亚当·斯密（Adam Smith，1723—1790）：英国经济学家、哲学家和作家，主张自由贸易，被誉为“经济学之父”。

对此感到非常高兴。这当然是时势所造成的，责任也并不在某一个人的身上，可是为了自己国家文明的前途考虑，却可以将其说成一个极大的灾难。学者的肩上担着推动文明发展的重任，看着文明的精神日渐衰退却置之不理，真是值得人们哀叹和痛哭了。只有我们庆应义塾里的这些同人，还可以免遭这种灾祸。近年来大家尚未丧失独立之精神，并努力地在这个独立的义塾中培育独立的精神，以期推动并保持国家的独立。可是，在社会潮流那有如狂飙急流一样的巨大压力之下，想要逆流而上或屹立不倒的确不是一件容易的事。倘若不具备非比寻常的勇气和毅力，就会在不知不觉间随波逐流，容易造成一失足成千古恨的局面。原来人的勇气不能只通过读书来获得，读书是获得知识的方法，学问是如何做事的方法，如果不能多多接触并熟悉实际的事务，是绝对无法产生勇气的。在我们的同人之中，已经掌握了上述方法的人，便应该甘于忍受贫穷和苦难，克服所有的困难，将自己掌握的知识和学问用在文明事业的发展上。至于可以兴办的事业就多得不可胜数了，比如发展商业贸易，钻研法律，投资建厂，发展农业生产以及翻译外国著作、从事新闻出版等。我们应该把所有的文明事业都当作自己应当负起来的责任，帮助政府，为民先驱，让官、民的力量达到平衡，增强国家的实力，为目前这种还比较脆弱的独立奠定一个不可动摇的牢固基础，最终能够达到与外国开展竞争而丝毫不退缩的状态。假如从现在开始，又过了几十个元旦之后，我们再回忆起现在的光景，非但不认为今天的独立是一件值得高兴的事情，反而感到既可怜又可笑，那么这难道不也是一件让人感到非常痛快的事情吗？所以我也希望学者们能够认定一个正确的方向，并通过自己的努力来实现自己的目标。

第六篇

论尊重国法

政府是国民的代表者，需要根据国民的意志来履行职责。其职责无非两点，一是制裁有罪之人，二是保护无罪之人。这便是国民意志的实现与执行。如果能够达到这样的成效，那么对国家来说就是有好处的。本来有罪之人就会被视为恶人，无罪之人就会被视为善人，如果有恶人想要对善人造成伤害，那么善人就必须自己进行预防；如果有人想要杀害自己的父、母、妻、子，就应该抓捕并杀了他；如果有人想要盗窃属于自己的财产，就应该抓捕并对他施以鞭笞的刑罚，这原本也没什么不对的。但是如果要让个人用自己有限的力量来应付或是防范数量较多的恶人，却是非常吃力的。就算是做了充分的准备，也需要花费不小的人力、财力，而且不会取得什么成效。因此就像上面所说的那样，制定了以下的约定：成立代表着全体国民的政府，其职责就是保护善良的人，官员的薪水以及其他方面所花费的各项开支，都由国民来承担。既然政府是代表全体国民来行使权力的，那么政府要做的事情也就是国民想要做的事，因此国民也一定要遵守政府颁布的法令才行，这是国民与政府二者之间的约定。所以国民遵从政府的指令，并非是服从政府颁布的法律，而是服从他们自己制定出来的法律；国民对法律造成了破坏，并非是破坏了政府颁布的法律，而是破坏了他们自己制定出来的法律；国民由于违反法律而受到了刑罚，也并非是受到了政府的处罚，而是受到了他们自己所制定的法律的处罚。换句话说，这也意味着全国的人民都是一个人在做着两个人的事情：一面是组建一个能够代表自己的政府，用以制裁国内的恶人并保护善良的人，另一面是严格遵守自己与政府的约定，服从国家的法令，同时也接受国家的保护。

就像上面所说的，国民既然已经与政府有了约定，将执行政令的权力委托给了政府，那么就绝对不能破坏这个约定，也不能违反法律。比如：抓捕杀人犯并判处这些人死刑是政府所拥有的权力；抓捕和关押盗贼是政府所拥有的权力；对犯罪之人提起公诉是政府所拥有的权力；防止流氓斗殴也是政府所拥有的权力，人民绝对不能在政府行使这些权力的时候进行干涉。假如违背了上述原则，私自杀死有罪之人，或是抓捕盗贼滥用私刑，那么这样的人同样也触犯了国法；如果私自判决他人有罪，那么就是私设公堂，也是无法免罪的。对于这样的罪行，世界上的文明国家在其所颁布的法律中都有着非常严厉的制裁措施，可以说既有足够的威慑力，但同时又不至于用力过猛、矫枉过正。可是在日本这个国家，虽然政府拥有看上去很大的权威，但是有一部分人民只知道对政府心存畏惧，却不知道法律的可贵。现在就将私下裁判有罪之人的弊病以及国法是多么的可贵进行详细的分析。

比如我们的家里来了强盗，威胁到了家人的生命安全，他们想要抢夺财物，这时身为一个家长的职责应该是将整件事情的经过原原本本地报告政府，等候政府进行处理。但如果事情发生得非常突然、非常着急，已经来不及向政府报告，而盗贼已在纷乱中进入了储藏室，想要把所有的钱都抢走。如果想要在目前这样的情况下来制止他，就连家长的性命都会有危险，所以全家人被逼无奈要展开私人防御，为了一时的权宜之计而捉拿这个强盗，然后将其扭送政府。在捉拿这个盗贼的时候可能需要用到刀枪棍棒，也可能会对盗贼造成伤害，甚至是将盗贼的腿打断，到了万分紧急的情况下，就算枪杀他都有可能。虽然如此，但主人的目的终究是为了确保自己和家人的生命及财产安全，才使用了上面所说的这种权宜之计，他的目的绝对不是为了追查盗贼的违法犯罪行为、为了让盗贼的罪行得到审判。因为只有政府才有权力处罚犯罪的人，私人是没有这方面的职责的。因此动用私人的力量抓住盗贼之后，身为一介平民，就不能继续殴打他、伤害他，也不能继续侵犯他的相关权利，只能诉诸政府，等候政府对他进行公正的审判。如果抓住盗贼之后在盛怒之下殴打他，甚至杀伤他，那么这样的罪行跟杀害和殴打没有罪的人是等同的。比如有一个国家的法律是这样规定的：偷盗现金十元的人处以鞭笞之刑一百，用脚踢别人的脸也是鞭笞一百。如果有一个盗贼潜入他人的住所，偷盗了十元钱之后便要逃走，结果却被主人当场抓住，并把他捆了起来，甚至在盛怒之下用脚踢了这个盗贼的脸，那么根据这个国家的法律，偷了十元钱的盗贼固然应该处以鞭笞一百的刑罚，但主人触犯了禁止平民私自制裁盗贼以及用脚踢人脸的法律条款，也要受到鞭笞一百的刑罚。国法的严明就是这样，因此人们必须要对法律心存敬畏。

从上面所讲的道理进行考虑，可以明白报仇绝对不是最好的办法[①]。杀了我的父母的人会因为在国内杀人而成为公众的罪人，抓捕他和对他判刑是政府的责任，这不是平民能够参与其中的事情，纵然自己是被杀之人的儿子，也不能私下里代替政府去杀死这个公众的罪人。这样的举动不但冒失，而且大胆，甚至可以说是罔顾人民的义务、违反了与政府确立的约定。如果政府对这件事的处理不妥当或是对罪犯有所偏袒，也只能根据具体的不公正的情况向政府提出申诉。不管发生了什么样的事故，都不应该自己动手；就算杀死亲人的仇敌在自己面前徘徊，也不能在私下里自己去杀害他。

以前，在德川幕府时代，浅野[②]的家臣为了给自己的主人报仇，杀

---

① 明治六年二月，也就是福泽谕吉写作此文的前一年，日本政府颁布法令禁止复仇。

② 浅野：名浅野长矩，是德川幕府时代播州一位诸侯，封地位于赤穗城，位于今日本广岛县境内。

死了吉良上野介，后世将他们称为赤穗城的义士，这难道不是大错特错的行为吗！当时的日本政府是德川幕府，浅野内匠头①、吉良上野介②以及浅野的家臣身为日本的国民，应该都是按照约定遵守政府的法律，政府也应该保护他们。但由于一时的错误，上野介对内匠头采取了无礼的举动，内匠头却不知道向政府申诉，而是在盛怒的时候想要私下里杀死上野介，以至于引发了双方的争斗。在德川政府的裁判之下，内匠头被责令切腹自杀，而上野介免于刑罚。这样的判决的确是非常不公正的。但是浅野的家臣倘若觉得这样的判决不公正，为什么不向政府进行申诉呢？这里假设 47 个义士在经过商议之后，根据法理向政府进行申诉，或许政府的确暴虐无道，在刚开始的时候对这一申诉不予理睬，也可能会将他们逮捕然后处死。就算如此，如果他们其中有一个被杀死之后，仍然不会畏惧，继续进行上诉，这样前仆后继，直到 47 位家臣全都进行上诉并为之献出生命为止，那么不管这个政府有多么坏，终究会为理所屈，对上野介处以刑罚，进而更正原先的判决，只有这样才能被称为真正的义士。可是以前的人们并不懂得这个道理，自己身为人民却不知道遵守国法，私自采取行动杀死了上野介，这真的可以说是错误地理解了人民职责，侵害了政府的权力，私下里制裁了他人的罪行。幸好当时的德川政府将这些暴徒都处以刑罚，最终平息了结了这一事件。倘若没有进行惩罚，那么吉良一族的人也必定会对赤穗的家臣们展开疯狂的复仇并将他们杀死，然后这些家臣们的族人再向吉良的族人展开报复，冤冤相报，无休无止，直到双方的族人与亲友全都死尽杀绝才罢休，这就是无政、无法的社会的状况。私下制裁对国家的危害如此之大，我们怎么能不谨慎对待呢？

以前，在日本的古时候，如果农民和商人冒犯了拥有武士身份的

---

① 内匠头：浅野长矩的官职名，主要掌管土木工程事务，类似于清朝的营造司郎中。

② 吉良：名吉良义央。上野介是官职名。上野是日本一个州，介为州里的次官。

人，法律规定“格杀勿论”，这是政府公然许可私人制裁的法令，难道不也同样是荒谬至极的吗？任何一个国家，只要颁布了法令，那么就应该由这个唯一政府负责执行，法制越是泛滥，那么政府的权力也就会变得越来越弱。比如封建时代有三百诸侯，他们全都掌握着生杀大权，因而导致政府的力量也相应地受到了削弱。

在私人制裁之中，后果最为严重、对政治危害最大的便是暗杀。纵览古今中外各种暗杀事件，有些是由于私怨，有些则是为了获得金钱。妄图采取暗杀行为的人，原本就下定了犯罪的决心，自己想要做一个有罪之人。此外还有另一种类型的暗杀，并非是为了个人的目的，而是由于憎恶所谓的政敌而对其进行谋害。这些人由于各自抱着不同的政见，便带着个人的意见，对他人的罪行进行裁决，同时对政府的权限造成了损害，他们随便杀人，不仅不感到耻辱，反倒扬扬得意，自以为是替天行道。还有人对这种行为表示赞扬，将他们称为国士。但是所谓的替天行道到底是怎么回事呢？难道是代替上天行使正道、处罚恶人的意思吗？倘若真的是这个意思，那么首先请想一想自己的身份。原本都居住在一个国家之内，不管与政府约定了什么承诺，就必须遵守约定、维护国法的尊严并接受政府的保护。如果发现国家处理政事过程中有什么令人感到不公平的事情，或是觉得有人对国家造成了危害，那么就应该心平气和地向政府申诉。如果把政府放在一边，而自己动手来做替天行道的事，这难道不是逾越本分吗？归结其原因，这种人尽管性格直爽，但是却不明白事理，只知道忧心国之当然，而不知忧心国之所以然。试看天下古往今来所有的事实，从来没有人能够靠着暗杀来成就大事或是让人间变得更美好、更幸福。

不知道尊重和敬畏国法的人只对官员有畏惧之心，在官员面前，他们会尽力设法为自己表面上的罪名开脱，但实际上却已经犯了罪，却丝毫不感到耻辱。不仅不感到耻辱，还会因为狡猾地破坏了法律和逃避了惩罚而引以为能事，希望因此而获得好评。在当今社会平日里的谈话中，经常有人这样说，虽然这是国家的根本法律，但这只不过是政府的形式和表象，要想办好某一件事，只要在私下里计议得当，使其对表面的法律不会造成妨碍，就会变成一种公开的秘密。这样的人在那里谈笑风生，心里丝毫没有愧疚的感觉，甚至于还跟小官员们秘密地谋划，相互勾结，表面上却装出一副无罪的样子。当然，国家的法律确实有些烦琐了，倘若不是这样的话，上面所说的阴谋也许就不会发生了，可是从一个国家的政治发展来看，却是一种最令人感到畏惧的弊病。因为长此以往，便会让人们养成一种蔑视国法的习惯，进而助长普通百姓不诚实的习气，对于应该遵守的法律却不去遵守，最终酿成了严重的罪行。比如现在政府颁布法律禁止了当街小便的行为，但是人民却感受不到这个禁令的可贵之处，只是害怕遇到巡逻的警察，所以到了日暮人稀之时，等着巡警不再巡逻，就开始违背法令随地小便，结果没有想到还是被发现并因此受到了处罚。虽然他们当着巡警的面认了罪，可是内心并没有感觉到自己是因为触犯了严肃的国法才会受到处罚，而只是觉得自己倒霉才会遇到令其畏惧的巡警。这样的情况怎能不让人哀叹呢？所以，政府在立法时应该力求简便易行，在法律制定出来之后，就必须要严格去执行。倘若人民发现政府制定的法律中存在不妥之处，便应该无所顾虑地提出自己的意见和建议。如果已经承认了这些法律，就应该严格遵守并执行，而不应私下里议论是非。

上个月，在我们庆应义塾发生了这样一件事情：有一位名叫太田资美[①]的贵族，从前年开始捐款雇用了一个美国人在义塾担任教师。由于本次该人任期已满，于是打算雇用另外一个美国人，已经与其本人谈妥了条件，于是便让太田写好文书向东京府提出了让这个美国人担任义塾文学教师的申请。可是按照教育部的条例规定，用私人钱款来雇用私立学校

① 太田资美（Ōta Sukeyoshi，1854—1913）：本来是远州挂川藩主。明治四年进入庆应义塾学习，后来成为义塾的赞助人。

的教师，虽然属于私人教育，但是当教师的这个人也一定要持有在日本国修完该学科所有课程的毕业证书，否则就不能雇用。但是此次打算雇用的这个美国人却没有这样的证书，于是教育部便向太田发出通知：让这个人当语学教师倒是没什么关系，如果按照申请的内容派他担任文学教师却难以批准。然后我们便向东京府再次提交了书面说明材料，指出这位老师虽然没有日本的毕业证书，但从学力上评价，其人完全有能力教授本校的学生，所以请求批准太田的申请，准许任用这位老师；并且声明，就算申请雇用那位美国人担任语学教师可以获得批准，可是我校的学生原本是想学习文学的，学校方面也不想诈称语学来欺骗政府。

最终的结果，因为教育部不可能因此变更规定，所以我们的说明材料后来也被驳回了。所以已经谈妥了的那位教师就无法再雇用了，而那人也已经在去年的 12 月下旬离开日本返回了美国，太田先生的心愿化为了泡影，几百名学生对此也感到非常失望。确实，这不仅仅是一所私立学校的不幸，而且也严重妨害了对我国文学进行研究，真的是不明智到了极点。但是因为此举让国家法制的尊严获得了保全，所以也就无须再说什么了。最近，我们想要再提出一次申请，并且曾经和太田等人在社里商量过这件事，我们觉得教育部颁布的私立学校教师的章程固然属于国家的根本法律，但是如果把文学两个字改成语学，申请就可以获得批准的话，那么对学生来说就是一件很大的幸事，似乎可以这样做。但是经过多次商议之后，最终我们觉得这一次不能对那位教师进行雇用，尽管可能会对学生们的学业造成影响，但是用这样的手段来欺骗政府是君子所不齿的行为。因此谨守法律，不做违背人民本分的事情才是上策，此事至此正式宣告结束。原本这只是一个私立学校的无关紧要的问题，但由于它与上述议论的核心思想有关，所以将此事附记于篇末。

第七篇
论国民的职责

在第六篇中，我对尊重国法这个话题展开了议论，我的主张是：每一位国民都应该努力承担起两个人的职责，在此我想继续详细地阐述一下国民所应承担的任务和职责，以便对第六篇的不足之处进行补充。

作为一国的国民，都应该一身兼具两方面的职责：一方面是在政府的领导下做好一个公民，这是从“做客”的角度来说的；另一方面则是让所有的国民共商国是，组建一个名为“国家”的“公司”，制定法律，并严格执行，这是从“做主”的角度来说的。比如，某个市镇上有100个居民，他们共同组成了一家公司。大家商量好了公司的章程，然后严格执行，从这个角度来看，这100人都可以说是公司的主人。但是从公司里所有人都不能违背大家共同制定的章程来看，这一百人就又都成了公司的客人了。所以国家就如同一个公司，人民就如同公司里的成员，对每个成员来说，他们都肩负着主、客两种不同的职责。

首先，从做客的角度来说，凡是一国的公民，都要遵守国家法律并维护其尊严，不能忘了人和人之间是平等的这一原则。我既不想让别人对我的权利造成损害，我也不会去损害别人的权利；我感到快乐的东西，别人也觉得快乐，所以不能通过剥夺别人的快乐来增加我的快乐；更不能偷窃别人的钱财来让自己富裕；既不能杀人，也不能谗言陷害他人；而是应该严格遵守国家法律，从内心认可人与人之间一律平等这一大义。法律是基于国家政体而制定的，就算觉得还有不完备的地方，也不应该随意进行破坏。战争或与外国缔结盟约的权力掌握在政府手中，虽然这种权力是由人民按照约法授予政府的，但是如果不是担任政府职务的人则不应该参与其中。如果人民忘记了这一点，一看到政府推行的措施与自己的心意不合，就大加诽谤，或是不遵守法律，兴师动众，甚至率先发难，拔刀相向，那么国政就连一天都无法维持下去了。这就如同前面所说的那个 100 人组成的公司，经过协商之后推选出了 10 个人担任经理，但剩下的那 90 人却不赞成 10 位经理的决议，各自有各自的主意，10 位经理想卖酒，那 90 人非得卖饼，大家争吵扰攘，意见不一。有人甚至独断专行，未经同意就私下卖起饼来，或是违反了公司的章程，蛮不讲理地与别人进行辩论，以至于公司的生意连一天都不能做下去，看起来非要解散不可。但由此给公司带来的损失，则需要由这 100 人来共同分担，这难道不是最愚蠢的事情吗？由此我们可以知道，就算在国法中存在着不完备的地方，也不能以此当作借口而对法制进行破坏，倘若真的发现法律存在着不公正、不利的条款，也应该平心静气地向类似于一国之经理的政府提出建议，推动改革，如果政府不愿意采纳，也只能尽量忍耐一时，等待合适的时机再进行改变。

其次，从当家做主的角度而言，全国这么多人，不可能让所有人都来执政，因此才订下了约法，也就是成立人民的政府，将国政委托给他们，由他们代表人民来处理所有的事务。由此可见，民为一国之本，人民就是国家的主人，政府只能算是国家的代表或经理。这就如同从公司的 100 名成员之中选出 10 个人担任经理，也就等同于政府了。剩下的 90 个人就是这个“国家”的人民，那 90 个人尽管不在公司做事，但也将自己应该办的事务委托给了自己的代理人，那他们的身份也相当于是公司的主人了。至于挑选出来的十位经理，在处理公司事务的时候，都是按照章程和契约，接受公司的委托，根据 100 人的意志来做事，而且他们所做的事情都不是个人的私事，乃是公司的公务。所以人们才会将政府的事务称为公务。闻其名而知其义，追本溯源的话，只要是政事，就绝对不是官员个人的私事，而是代表人民处理的属于全国的公共性事务。从中我们也可以看出，所谓的政府，便是受了国民的委托，遵守约法，让全国人民不分高低贵贱都可以行使自己的权利，并且务必要做到法令严明、奖罚分明以及大公无私。如果有一群盗贼闯入民宅，但政府发现之后却不去制止，便可以认为政府是这些盗匪的同党。如果政府无法贯彻执行国法的宗旨，以至于让人民受到了伤害，那么无论损失了多少，事情发生的早晚，都应当进行赔偿。例如官员因为自己的疏忽和错漏，让国人或是外侨蒙受了损失，因此向其赔偿了 3 万元。但政府自身是没有钱的，赔款的来源是人民，那么按照日本有 3000 万人口来计算，每个人就要承担 10 文钱，假如官吏犯了十次这样的错误，每个人便要拿出 100 文钱。如果一户人家有五口人，这户人家就要拿出 500 文钱。在乡下，一户农民之家如果有 500 文钱，便能够全家围坐在一起，摆上一桌丰盛的酒宴，然后快乐地享用。因为官员的疏忽，导致日本全国的无辜百姓失去了这样的快乐，那是多么不幸的事情！从人民的角度来说，似乎是无缘无故傻傻地出了一笔钱，怎奈全国人民都是这个国家的主人，既然已经把国事都委托给了政府，那么所有的损失就只能由主人来承担，不应该因为金钱上的损失而对政府的官员进行苛刻的责难。因此人民应当时常留意，假如发现政府的举措中有什么不妥当的地方，就应该毫不客气地对政府提出深切而且正确的忠告。

既然人民是一个国家的主人，那么分担保卫国家所需的一切费用也就成了他们应尽的义务，在缴纳这些费用的时候，绝不应该露出哪怕一丝不满的神色。我们要明白一件事，为了保卫国家，不但要给官员发薪俸，而且还必须要支付海军、陆军的军费以及法院、地方官的经费。计算一下总数，数目好像很大。但是每个人需要分摊多少呢？从日本每年的财政收入和全国人口来平均计算，每个人只需要出一到二元。一整年的时间，一个人只需要出一到二元，却可以得到政府的保护，晚上无须害怕盗贼，单身旅行时不用担心有人抢劫，能够安然度日，这难道不是一件非常划算的事情吗？尽管世间有很多划算的买卖，但是再也没有比向政府纳税而受到政府保护的事情更便宜的。环顾周围的人，有的将钱花在了美轮美奂的建筑上面，也有的将钱财用在了着锦衣、吃美食上面，甚至还有人整天花天酒地最终导致坐吃山空，以上种种花费是无法与纳税相提并论的。总的来说，不应该拿的钱，就算一分也应该爱惜，但是符合道理却又划算的钱，该拿的时候就应该毫不犹豫地拿出来才对。

正如前面所说的，倘若人民与政府各自尽了自己的本分，齐心协力，那么就没什么值得说的了。但是如果政府方面越过了自己的本分，以暴政治国，那么站在人民的角度，就有可能通过以下三种方式来应对：一、屈服于政府；二、与政府对抗；三、据理力争，哪怕牺牲也在所不惜。

首先，不应该屈服于政府。人的本分是遵守正道。倘若屈服于政府由人为制造的恶法，那么就会违背了自己做人的本分。而且一旦屈服于恶法，就会为后代子孙留下罪恶的先例，使天下都流行不良的风气。在古代的日本，愚民之上往往有一个苛暴的政府，政府横行霸道，人民感到恐惧，看见政府的举措，虽然明知道是不合理的，但是害怕如果明辨是非的话就会冒犯官员，从而招致后患，因此该说的话也不会再说了。所谓的后患便是我们俗话说的挟私报复，人民对这种挟私报复的后患非常担心和害怕，因此无论政府怎样无理，也只是一味地俯首帖耳。这种心态世代沿袭，以至于形成了今天这种卑躬屈膝的状态。这便是人民屈服于政府给后世留下祸患的鲜明一例。

其次，与政府对抗，这可不是一个人能够办到的事情，必须要聚集同党，爆发一场内乱。这实在不算什么上策。因为一旦起兵与政府作对，就只能先将事理的是非曲直抛到一边，而先进行实力强弱大小的比较。但是通过观察从古至今的内乱历史，人民的力量与政府相比通常是较弱的一方。而且一旦发生内乱，这个国家原有的政治机构肯定会颠覆。但是不管那个旧政府有多么坏，总是会有一些善政良法的，不然的话就不可能持续那么长的时间。所以一旦人民轻举妄动将它推翻，也仍然难逃以暴易暴、以愚代愚的旧路。如果我们再对内乱的根源进行探究，就会发现都是由于与人情不合而引起的，但是世界上所有与人情不合的事情，再没有什么能够超过内乱的。内乱一旦产生，就算是亲父子、亲兄弟都会骨肉、手足相残，更不要说朋友这样关系的人了。那真可以说是杀人放火、恶贯满盈。在如此恐怖的情形下，人心会变得更加残忍，人的行为几乎等同于禽兽。发展到如此地步却还想要推行比旧政府更好的良法善政，想要引导天下的人性重新归于善良，这难道不是痴人说梦吗？

最后一种方式，据理力争，哪怕牺牲也在所不惜。意思是说应当坚信公理，不要因此而产生疑虑，不管身处于什么样的暴政之下，遭受了怎样严酷的刑罚，都要在痛苦中忍受、坚持下去，绝对不会使用武器和暴力来对抗政府，而只是采用公理来劝服政府。

在上述三种方式中，只有第三种方式才能算得是上策中的上策。因为用公理来劝服政府的话，不会对这个国家当时已有的善政良法造成丝毫的损害，就算是正确的意见没有被采纳，只要公理已经被阐述明白，那么天下人自然就会心悦诚服。所以，如果今年自己的意见没有被采纳，还可以期待明年被采纳。除此之外，如果用暴力来与政府对抗的话，就会产生得不偿失的祸患，如果用公理来劝服政府，就能够只针对有害的部分发挥作用，而不会出现其他的弊端。提建议的目的是为了阻止政府发布不合适的举措，只要政府在处理公务时能够遵循正道，那么议论自然就能够停止。如果非要用暴力来与政府对抗，那就必定会引起政府的震怒，势必会令其不顾后果，更加肆意地大逞淫威，甘冒天下之大不韪。如果能够心平气和地向政府提意见，那么就算政府的官员再暴虐，他也和我们是同一个国家的人，看到我们由于坚持正道而据理力争，他们必然也会产生同情怜悯之心，进而下决心改正。

凡是由于忧心世事而让自己身心经受苦难，甚至是牺牲了自己的生命的行为，西洋称其为“殉道”（Martyrdom），尽管会令一人失去生命，但其作用和影响却远远超过了杀死千万人、花费千万金的内战。从古至今，日本有很多人战死，也有很多人切腹自杀，他们都被称作忠臣和义士，赢得了高度评价。但是如果探寻他们舍身成仁的原因，都不外乎两家主人争夺权力以及由此引发的战争，要么是为了替自己的主人报仇而慷慨赴死，表面上看起来一副冠冕堂皇的样子，实际上对社会并没有什么好处。这些人信奉各为其主的原则，等到觉得自己有愧于主人的时候，就会用自己的一死来报答主人。在不文明的时代，这是经常发生的事情；现在，我们用当代的文明的眼光来审视，可以说他们死得不得其所。这是因为，所谓的文明原本是指人类在智力和德行方面的进步，每个人都能够成为自己的主人，能够支配自己，让世间之人在交往的时候不会发生互相为害的事情，从而各自行使各自的权利，实现社会上全面的安全与繁荣。那么不管是兴师也好，还是复仇也罢，只要能够与上面所说的文明的精神相符合，例如兴师可以战胜敌人，复仇可以恢复主人的荣誉，而且他们的目的都是为了推动社会文明的发展，使工商业得到发展，进而实现全面的安全与繁荣，那么这也可以当成一个充分的理由。可是，他们在兴师和复仇的时候并没有抱着这样的目的，更何况那些忠臣义士也没有这样长远的眼光，他们仍然只是迷信因果报应，希望以此来报答主人而已。直到今天，这种为了主人而捐躯就义的所谓的忠臣义士仍然还有很多。比如有一个名为权助的家仆，奉他主人之命外出，不小心弄丢了一两黄金，他在途中寻找徘徊了许久，觉得无颜面对主人，便决意在路旁的树枝上用腰带上吊自杀。世上还有不少类似的例子。推究这位义仆赴死时的内心状态，考察他实际的行为，未尝不觉得他值得怜悯，真应了那两句古诗——“出师未捷身先死，长使英雄泪满襟”。权助奉主人之命办事，在弄丢了一两金子之后，便用一死来成全君臣之义，自觉无愧于从古至今那些忠臣义士，他的忠诚的确可以与日月争辉，他的美名可以与天地共存。但没想到世人如此薄情寡恩，非但不重视他，既没有给他树碑立传，也没有为他建祠祭祀，反而觉得权助仅仅为了一两金子就自杀，实在是将自己的生命看得比鸿毛还轻。可是一件事的轻重，又怎么能够用金子和人数的多少来衡量呢？正确的做法应该是根据它是否对社会文明有利来判断的。所以那些忠臣义士是在杀死了一万名敌人之后才战死的也好，是弄丢了一两金子之后上吊自杀的也好，他们不但对今世的文明没有任何益处，而且也无法分清孰轻孰重。因此我说义士与权助他们的死不得其所，这样的行为也算不上真正意义上的“殉道”。据我所知，主张让人民拥有权利，提倡公理，向政府进谏，最终舍身成仁而无愧于当世和后世的，从古至今，便只有佐仓宗五郎[①]一个人而已。但是与佐仓宗五郎有关的资料却只有民间流传的俗本一类，其事迹并没有被详细地记录于正史。如果我可以得到相关材料，日后一定会将它写出来，以彰显其功德，同时也可以供人们借鉴、学习。

---

① 佐仓宗五郎：17 世纪中期日本民间的一位农民领袖，传说他在担任千叶某个地方的村长时，由于当地的领主横征暴敛，便独自一人向将军告状，结果被处以极刑，但是赋税最终却得到了减轻。

第八篇

勿以自己的意志强制他人

美国人威兰德[①]著有《道德学》一书，其中有一段对人的身心自由进行了论述。这段话的大概意思是说：每个人都是与其他人区别开来的独立的个体，无论是谁，都要掌控自己的身体，用自己的头脑去思考思维，自己来支配自己去做自己想做的事情。由于这个缘故，第一点，人们既然各自拥有属于自己的身体，便应该好好利用这具身体，与外界相接触，获得物资，来满足自己的需要，比如播种插秧、制作棉衣。第二点，人们既然各自拥有不同的智慧，便应该凭借自己的智慧来阐述事物的道理，以避免让自己在实现目标的途中迷失路径。比如说种稻，需要思考让土壤变得肥沃的方法；如果要织布，就应该先把织机研究明白，这些工作都需要发挥出自己的智慧。第三点，每个人都有自己的欲求，应该用这种欲求来激发身、心动起来，以此来达到欲望满足的目的，进而实现个人的幸福。譬如说，没有人不喜欢锦衣玉食，但是这些东西并不是天地之间自然生成的，要想得到这些东西，如果人们不经过自己的劳动和付出，就不可能获得，因此人们之所以会劳动，大多数情况下都是受到了欲求的驱使而产生的，如果没有想要满足这种欲求的想法，就不可能促使自己去劳动，如果不劳动，便不可能获得快乐和幸福。譬如

① 威兰德（Francis Wayland，1796—1865）：美国教育家、经济学家，曾任美国布朗大学校长。

寺院里的僧人们从来不参加劳动，他们便就没有什么可以向人言说的幸福。接下来是第四点，每个人都有一颗虔诚的心，那么便应该用虔诚的意志来抑制自己的情感和欲望，端正前进的方向，以此来决定自己的行止。假如任由情欲漫无目的地游走，那就很难对锦衣玉食做出明确而充分的限制。假如现在抛弃了应该做的事情，只为满足个人的私欲，那么就只能通过害人才能利己，这无论如何都不能说是人类所应该做出的行为。处于这种情况下，能够让人们分清情欲与道理，最终摆脱情欲的控制，走向符合道理这一方面的东西，就只有虔诚的本心。最后一点也就是第五点，每个人都有自己的思想，应该在这种思想的基础上建立自己做事的志向。比方说，世界上所有的事情都并非在偶然条件下才做成的，不管好事还是坏事，都是因为人们从内心想要做这件事，才可以做成。

上面所说的五点，是人们不可或缺的重要因素，如果可以随心所欲地运用上面这些因素所赋予的力量，便能够让个人达到独立。但所谓的独立，绝对不是像那些行为乖张、个性孤僻之士一样去离群索居，与其他人断绝联系。这是因为人生在世绝对不能没有朋友，朋友想要跟我交往，跟我希望与朋友交往的想法是一样的，世上的交往都是相互之间的事情。最重要的是能够合理使用上面所说的五种力量，根据自然确立的法则，不要逾越应有的限度。这个限度怎样来界定呢？就是在我使用这种力量的同时，他人也在使用这种力量，但双方却不会给对方造成妨碍。只有如此，才不至于在违背自己做人原则的基础上待人接物，更不会因此而怨天尤人，只有这样，才能算得上拥有了人生的权利。

由此也可以看出，正确的做人之道，就是不能对他人的权利造成妨碍，在此基础上能够随心所欲地让自己的身体得以运用。至于做自己喜欢的事情，克制自己的欲望，有时从事劳动，有时嬉戏玩耍，或从事这样的工作，或从事那样的工作，要么日夜勤奋用功，要么懒散庸碌无为，整天蜷缩在被窝里睡大觉，也不与其他人发生关系，那么自然也就没有在旁议论是非曲直的资格。

反过来说，假如此时有人发表了这样的议论，“人们不应该分什么是非曲直，而应该按照别人的想法行事，不应该提出自己的想法”，那么便应该问问，这样的观点到底合不合理？如果理所当然就应该如此，那么是否能够普遍应用于所有有人类生存的地方？现在就特地举个例子来说明：天皇的地位要比将军更尊贵，因此天皇可以随意把自己的意志强加在将军的身上，将军欲行则让他止，欲止则让他行，行动坐卧饮食起居，将军都要遵照天皇个人的意志来安排。然后将军又会对手下的诸侯进行限制，将自己的意志肆意加于诸侯之身。诸侯再用自己的意志来要求大夫，大夫再用自己的意志来要求属吏，属吏要求侍从，侍从要求步卒，步卒要求农民，等到了农民这里，由于下面再没有可供其要求的人，那么就很难办了。如果这种观点本来可以在人类世界同行，并且属于理所当然，那么按照百万遍的道理[①]，经过上百万次的循环，必定可以返璞归真。“天皇也是人，农民也是人，无须顾忌”，既然获得了许可，农民将自己的意志肆意加于天皇的身上，天皇想要巡幸时便让他停止，想要居住于行宫时则让他还朝，饮食起居，都让他按照农民的心意来做，不再让他享用锦衣玉食，整天只能吃麦饭葵羹，那又会怎么样呢？这难道不能说明日本人民并没有控制他们自己身体的义务，却拥有限制别人的权利吗？换言之，这也几乎相当于是说人们的身心根本就不在一个地方，他们的身体正如别人的魂魄所停驻的旅舍。就如同酒徒的魂魄移换到了一个酒量小的人身上，孩童的身体里住着一个老翁的魂魄，盗贼的魂魄借用了孔圣人的躯体，猎户的魂魄寄宿在了释迦牟尼的身上。于是酒量小的肆意痛饮美酒，酒徒喝了糖水大呼过瘾，年老的人爬到树上玩乐和游戏，小孩子拄着拐杖与人应酬，孔圣

① 百万遍的道理：指佛教徒用手一边数念珠，一边念佛，要求必须念够百万遍，此处说的是同一类事物的不断循环。

人带着弟子去当盗贼，如来佛祖拿着枪炮残杀生灵，这些事情都是离奇荒诞，令人感到不可思议的。假如将这些当成是天理人情，认为是开化的文明，那么即便是三岁的小孩子也不难得出一个否定的结论。再者，从数千数百年之前的古代开始算起，中、日两国的学者们，都极力地提倡高低贵贱的名分之说，归根结底，无非是想将别人的魂魄移到个人的身上，谆谆教导、垂涕含泪，直到末世之今日，其影响力已经逐渐变得十分明显，形成了一种以大制小、以强凌弱的风气。所以学者先生们脸上便带着得意的神情，神话时代的诸神、周朝的圣贤在另一个世界也会觉得满足。现在我就针对其影响覆盖范围之内，试举一两个例子进行说明。

关于政府凭借强力来压迫人民的情况，已经在前一篇进行了讨论，这里暂且略过不谈，首先只针对男女关系来说一说。要知道，在这个人世间生存的，男人也是人，女人也是人；从世界所不可或缺的作用而言，天下既不能一日没有男人，也不能一日没有女人，它的功用的确是相同的。但也有不一样的地方，那就是男子更为强势一些，女子更为弱势一些，倘若身体健壮的男人与女人相互争斗，那当然是男人会取得胜利。这便是男人与女人不一样的地方。但是现在我们在社会上能够发现，假如有人靠着强力来抢夺别人的财物，或是对别人进行侮辱，那么就会将其称为罪人，对其施加刑罚。但是在家庭内部，却存在着公然让人蒙受耻辱，没有人对这种行为进行指责的事实，又该怎么解释呢？在《女大学》[①]中，这样写道："女子有三从之道，幼年时从父母，出嫁后从夫，老后从子。"[②]在幼年时顺从父母的意志，尽管无可厚非，但是嫁人之后应当怎样顺从丈夫，却不能不问清楚。根据《女大学》书中所

---

①《女大学》：日本古代的一部女子教育书籍，据说是日本程朱理学研究学者贝原益轩（1630—1714）所著。

② 这几句话出自贝原益轩所著的另一本《和俗童子训》，而不是《女大学》书中所载。

说，就算丈夫好色酗酒，辱骂妻子儿女，终日放荡淫乱，但是做妻子的仍然要顺从、敬爱这个淫荡的男子。敬他要像敬天一样，待他要和颜悦色，就算内心有不同的想法，也不能记着以前的怨恨不放。按照这一教条的意思，那就是说不管是淫夫也好，奸夫也罢，既然已经与这样的人结成了夫妇，那纵然蒙受什么样的耻辱，也必须要完全依从于他。女子内心不能真正记恨，只能婉言劝谏，至于丈夫是否能够听从，那就完全看他的心意了。这也就是说，女子出嫁之后必须要把丈夫的心意视为天意，除了遵从天意之外，再没有其他什么办法。佛经中说女人生来就带着深重的罪孽，其实从这些情况看来，女人从一出生，确实就跟犯了重罪的犯人没有区别。另外，社会对于女人的要求也极为苛刻。《女大学》中规定了妇女的“七出”条款，其中明确写着“如犯淫乱，即令大归”这样的制裁措施，给了男子非常大的便利条件，这难道不又是一个带有极强片面性的教条吗？由此可以看出，只是因为男强女弱，也就是根据腕力的大小，便建立起了男女之间高低贵贱的名分的教条。

上面是针对奸夫淫妇这个方面来分析的，接下来再谈谈纳妾这个问题。原本这个世界上的男女人口数量以及出生率是相差无几的，按照西洋人的统计数据显示，男人的出生率要比女人稍高一些，这个比例大约是男人 22 个，女人 20 个。因此一个男人娶两三个女人，分明已经违背了天理，我们不妨直接将他们称为畜生。原本同一父母所生的人叫兄弟，与父母、兄弟一起居住的地方叫家庭。现在兄弟之间同父而异母，一个父亲，多个母亲，这怎么可以说是人类的家庭呢？就算是根据家这个字的含义来解释，也是不能成立的。就算其家有着巍峨的楼阁，壮丽的宫室，但在我看来，却只能将其认为是畜类的棚屋，而不是人类的家。从古至今，从来都没有听说过妻妾共同生活在一个家庭却能够平安和睦的。做妾的也是别人的女儿，为了一时的情欲而将她们当成牲畜来役使，扰乱全家的风气，对子孙的教育也不利，甚至会为祸天下，遗毒后世，怎能不将纳妾之人视为罪人？或许有人会说：“如果在纳妾之后妥善处置，对人情也没有什么妨害。”这种说法可以说是夫子自道了。假如真的像他说的那样，那么，女人也去蓄养很多个丈夫，起名为男妾，给予他们二等亲属之地位，又会怎么样呢？假如纳妾之后还能善治其家，对社会大义没有任何损害，那么我自然将闭口不言，天下所有的男人，可以自己来考虑这件事。

还有人说：“纳妾是为了传续后代，中国不是有句话叫‘不孝有三，无后为大’吗？”对此，我的回答是：如果有人提倡与天道相违的理念，一意孤行、倒行逆施，那么就算他是孟子、孔子这样的圣人，也无须顾虑什么，仍然应当将他们视为罪人。娶了妻子之后没有生儿子，怎么就会被当成大不孝呢？这真是信口雌黄、大言不惭，只要稍微懂得人情道理，谁又会把孟子的话当成金科玉律？所谓的不孝，是指身为儿子的做出了违背公义法理的事情，让父母的身心觉得不快。从老人的内心来说，当然希望能够早日抱孙子，但是不能由于孙子生得晚了，就说儿子是不孝的。请问天下这些做父母的，有几个在儿子喜结良缘、得配佳妻之后，由于嫌弃他们没有生下孙子，就责骂儿媳，用鞭子抽打儿子，甚至还要将他们赶出家门的呢？这个世界虽然很大，但也从来没有听说过这样奇怪的人存在。这些完全是谬论，无须进行辩解，各人扪心自问，便可获得答案。

孝敬父母，原本是做人的最基本的道理，倘若遇到老年人，就算是一个完全陌生的人，也要殷勤地向其表示敬意，更何况是对自己的父母呢？又怎能不尽心尽力地孝敬他们？从动机上来分析，人们尽孝既不是为了利，也不是为了名，只是由于他们是自己的父母，便应该用最自然的诚心，来展现自己的孝行。自古至今，无论是在中国还是在日本，有很多劝人孝敬父母的故事，其中最著名的当数“二十四孝”，这一类书籍多得不可胜数。但其中十有八九都是告诉人们去做世上最难做到的事情，有的说得很是愚昧可笑，甚至将违背常理的事情称为孝行。例如在严寒的冬天，光着身子卧在冰面上，待冰融解——这是一般人根本无法做到的；又比如在夏天的夜晚，将酒喷在自己的身体表面，来让蚊子吸自己的血，以免让蚊子再去吸父母体内的血。如果把沽酒所花的钱用来买蚊帐的话，岂不是更加明智？再比如，不去做能够奉养父母的工作，等到无计可施的时候，反倒要将没有任何罪过的婴儿活埋，像这种人简直可以说是蛇蝎、魔鬼，这种做法对天理人情的伤害，简直可以说到达了顶点。前面引述的“不孝有三”的议论中既觉得不生儿子是大不孝的行为，但此刻却又将刚刚生下来的儿子挖个洞给活埋，到底怎么做才能算是孝呢？这难道不是前后自相矛盾的谰言吗？总之，以上这些劝孝的说辞，它的目的都是为了严令做儿子的人，让他们端正父子之间的高低贵贱之分。这些劝人孝敬父母的人在许多的教育条例中指出：儿女在妊娠过程中让自己的母亲受尽了痛苦，出生以后三年都无法离开父母的怀抱，这样的恩情不知道多么的巨大。但是生儿养子，不光是人类如此，禽兽同样也是如此，人的父母之所以与禽兽不同，是因为他们除了给自己的孩子穿衣和喂食之外，还会对儿女进行教育，让他们懂得为人处世的道理。但是世上这些做父母的，总是能够生儿育女，却并不明白应当如何教育子女，如果自身整天只是放荡无赖行事，给子女做出了不好的榜样，最终导致倾家荡产，陷入贫困，到了年老力衰的时候，家产荡然无存，此前的放荡无赖一下子变成愚顽不灵，反而开始要求其子孝敬父母，这又是什么居心呢？像这种有着铁皮一样脸皮的人，真可以说是不知廉耻到了极点。除此之外，有的父母企图从儿子那里获得财富，有的做婆婆的讨厌儿媳的性格，便靠着父母的身份来压制儿子和儿媳的身心，就算父母一点道理也没有，做儿子的也不能进行一丝一毫的分辩；儿媳更是像坠入饿鬼地狱一样，日常的起居饮食一点自由都没有，稍微违反了公婆的想法，就会被斥责为不孝。人们见到这样的情景，尽管内心觉得没有道理，但为了让自己不会受到责难，就先袒护起那些做父母的人来，没有任何原因地将错误和责任推到了儿子的身上。还有人随波逐流，不分青红皂白，告诉儿子用诡计来欺骗他们的父母，这又怎么能被认为是正确的家庭成员相处之道呢？我曾经听人说过这样一句话——“姑鉴不远，在媳之时。”意思是说做婆婆的倘若想要虐待自己的儿媳妇，便应当想一想以前自己做儿媳的时候。

以上，是通过夫妇和父子两种关系作为例子，来阐述高低贵贱的名分带来的弊病。这种弊病在社会上流传的范围很广，几乎潜藏于世间所有事物之中，在下一篇中，我还会具体举例进行说明。

第九篇
分述两种学问的主旨——赠中津旧友

仔细观察人们的身心的活动，大体可以分成两类：一类是个人自身的活动；另一类是社会上人与人之间进行交往的活动。

第一类，通过身心活动来满足衣、食、住等方面的需求，让自己能够过上安定快乐的生活，这应该说是属于个人自身的劳动。但世上的万事万物，对人们都是有好处的。比如种下了一粒种子，然后就可以收获两三百粒果实；深山里的树木，无须人工培养，也可以自然生长；借助风的力量风车可以转动；在河面和海面上可以开展运输活动；从大山里采煤，从河流和海洋取水，用煤来燃烧水，进而产生蒸汽，就可以推动庞然大物一样的火车和轮船。自然界中的与之类似的神奇，数不胜数。人类只是对自然界中的资源进行了改造，让它为己所用。所以人类生活所需要的吃、穿、住、用等资源，有99%都是自然界已经提供了的，剩下的1%是人力，因此不能说所有都是人力造成的，这只不过是人们从路边见到了一些现成的东西罢了。

所以人们自谋生活并非什么困难的事情，完成这件事，更没有什么值得炫耀的。能够独立生活当然是人一生中的一件大事，古人说“你必须汗流满面，才能餬口”。[①]但是我觉得就算做到了这一点，人的任务仍然没有完成，古人的这种说法只是为了让人不至于连禽兽都不如罢了。

---

① 出自《圣经·创世记》3·19。

试看那些禽兽虫鱼，哪一个不会自己去觅食，它们不但可以获得一时的满足，而且还能像蚂蚁一样，为了以后在地下挖洞建巢窝，储存过冬的粮食。世界上也有很多人像蚂蚁一样只为了让自己获得满足。举个例子来说，男人在成年之后，就会去做工或经商，要么就担任政府官吏，慢慢地，就不会再麻烦父母和亲朋好友，过上安定的生活，也不会对他人造成侵犯。假如无法租到住所，他就会自己去购置一套简单的住宅，一边装修，一边娶一位能够勤俭持家的贤妻，然后两人共同养育儿女。在教育方面，所需要的抚养费也不会太多，只要随时能够准备出三五十元的医药费以备不时之需便足够了。总而言之，小心周到地为长久打算，维持一个美满的家庭，不仅可以让自己为了获得独立的生活而感到满足，人们也会称赞他是一个独立而且能干的好手。可事实上这却是一种很大的错误，我只能说这样的人跟蚂蚁差不多，他的生平经历与蚂蚁并没有什么不同。二者都是为了衣食和房子操心劳碌，虽然无愧于古人的教导，但是作为万物的灵长，人的根本目标和任务，又怎么能只局限在个人的生活中呢？

倘若人们像上面所说的那样，只是为了吃饭、穿衣、住房而活着，那么人这一辈子就只有生和死，而且死时与生时的情形并没有什么区别。如此世世代代流传下去，就算是过去了几百代，一个村子的情况还是不会发生任何变化。不会有人开创社会公共事业，既没有船，也没有桥，只有一人一家的孤独无依的生活，全部任其自然，从生到死，在自己所居住的土地上没有留下任何痕迹。西洋人认为：“如果世界上的人都只想满足自己的欲望，安于小康的状态，那么，如今的世界与洪荒时代的世界又有什么不同呢？”这种观点绝对是正确的。满足当然也可以分成两种，但千万不能将二者混淆。倘若得寸进尺，永远都不感到满足，那么就会被称为“野心”或“奢望”。但假如进行了充分的脑力劳动或体力劳动，却无法实现自己想要达到的目的，那么就变成了“愚蠢”。

第二类活动其实源自人的天性，因为人类喜欢群居，不愿意独处。

如果只是父母与子女或夫妻两个在一起生活，还是无法感到满足，还会需要跟广大群众进行交往。交际的范围越广，就越感觉幸福，这便是人类社会的缘起。一个人既然在这个世界上生活，成为社会交往活动中的一员，那么就应该尽自己的义务。世界上很多方面的学问，比如工业、法律、政治等，都是为了社会的发展而创建的，如果人们相互之间没有往来，那么这些学问也就没有必要出现了。政府之所以会制定出法律，是为了防范坏人，保护善良的人，以此来维持社会的安定；学者之所以要著书教人，是想对后辈的智慧进行启发，来推动社会的进步。古代的中国人曾经说过“治理天下如同给众人分肉，一定要做到公平分配”；又说“除掉院子里的杂草，不如扫除天下”。这些都是希望改进、发展人类社会的名言。凡人如果有所成就，都希望为社会做出一些贡献，这应该说是人之常情。也有人在无意之中会为社会做了好事，让后代子孙享受到很大的恩惠。正是由于人类具有这样的性格，才可以尽到社会的义务。假如古代没有这样的人物，我们虽然生活在今天，也无法享受到现代文明带来的种种好处。父母留给我们的遗产，也不过是土地的财产，一旦失去就成了泡影；而这个世界所有的文明遗产，都是古人给人类留下来的遗产，其伟大之处，怎能是土地产出的财产能够比拟的呢？对于这样的恩惠，如今我们还无法找到可以称谢的目标，这就与人类赖以生存的日光和空气无须用金钱来购买但又非常珍贵一样，享受它们的人只可以将之称为前人之恩赐。

天地初分之时，人类的智慧尚未产生，当时人类的状况正如一个无知无识、刚刚出生的婴儿，还没有产生知识。例如用麦子来制作面粉，一开始只是用两块石头把麦粒碾碎。后来经过人们的改进，便将两块石头磨制成扁圆的形状，每块中间掏一个小孔，其中一块石头的孔里面安上木制或金属制成的轴，将其放到下面，然后把另一块放到它的上面，再把安在下面石块上的轴装到上面的石头孔里，这样把麦粒放到两块石头中间，通过转动上面那块石头，借助石头自身的重量将麦粒碾碎，这就是石磨。这样的石磨是靠人工来推动的，此后慢慢对磨的形状进行改进，并开始借助水车风车来产生推力，最后又使用蒸汽作为动力，这样就越来越便利和先进。世上不管什么样的事物，都是像这样不断向前推进和发展的，昨天感觉方便的东西，今天就会觉得笨重，去年觉得还非常新颖的，今年就会觉得老旧。请看西洋各个国家的发展情况，它们那各种不同样式的电气与蒸汽机器，没有一样不是以一种日新月异的态度不断进行改进的。不仅有形的机器如此，另一方面，人类的智慧越是开化，交际的范围也越广，交际的范围越广，那么人情也就更加和气，所以就可以应用国际公法来制约战争。同时由于经济学一天天昌盛起来，政治、商业上的风气为之一变，教育制度，著作体裁，政府举措以及议会制度，全都越来越精，但永远都没有止境。看看西洋的文明发展史，从 1600 年到 1800 年这两百年间，它们所获得的长足发展，着实是令人赞叹不已，几乎令人难以相信这是一个国家的历史。如果探究这种进步的源头，也不外乎是前人的遗产和恩赐罢了。

日本这个国家的文明最开始源自中国、朝鲜，后来经过国人的刻苦钻研与认真琢磨，终于达到了近代的情况。西洋的学说早在宝历[①]年间就流传到了日本（参阅《兰学事始》[②]）。但直到近年因为与外国的交往开始增多，西洋学说才逐渐盛行起来——教授洋学，翻译洋书，风土人情有了很大的改变，进而废除藩治、改组政府，以至于形成了今日之局面，为日本再一次打开了文明的开端，这也可以说是前人的遗产和恩赐了。

正如前面所说的，从古至今，在付出身心的劳苦之后能够在社会上干成一番事业的有志之士原本就有很多。按照现在的眼光来看，这些人也不能说是只想着让自己衣食无忧的一类人。我觉得这些人都是志向高远而且擅长为人处世的。如今的学者从这些人那里继承了文明的遗产，

---

① 宝历（1751—1764）：日本桃园天皇年号。

②《兰学事始》：兰学家杉田玄白（1733—1817）的一部著作，里面详细记载了西洋学说传到日本的情形。

如果能够站在进步的前沿，那么他的进展就是没有止境的。这样再过几十年之后，等到文明程度更加发达，那么后人也一定会像我们现在崇敬前人一样来崇敬我们所遗留的恩泽。因此生在当今这个世界，一定要给后世子孙留下精彩的事迹，我们肩上所担负的责任很重，怎能因为念了几本教科书之后便去经商、做工，或是担任小吏，每年得到几百元的报酬，对上可以侍奉尊长，对下可以抚养子女，保证全家的开销，便感到心满意足了呢？像这样虽然不至于对他人造成损害，但也对别人没有什么好处。除此之外，建功立业还要等待合适的机遇，机遇没有到来的时候，就算有能力也不能完全施展，这样的例子，从古至今都有很多。比如我们分明知道自己的乡人和近邻中便有很多英才俊杰，诚然，如果用当今文明的眼光来审视这个人，或许能够指出他的言行或是方向上的很多错误，但这是潮流使然，并非他自身的罪过。实际上他也并不是没有足够的能力，只不过是因为不幸生错了时代，导致满腹经世治国的学问和才能无由施展，最终一生潦倒无所成就，真是令人感到万分遗憾。现在就不一样了，正如前面所说的，西洋的学说日渐盛行，终于使我们推倒了旧政权，废除了藩治，实行了新政。但我们不应该将这样的变动只当作是战争的结果。要知道文明的功用绝对不会因为一场战争而终结。因此这样的变动也不是由于战争引起的，而是文明推动并促成的人心的动荡。所以战争虽然已经在七年前便结束了，但人心的动荡仍然还是存在的。所有的事物一定要通过某种力量引导才可以推行下去。率先提倡学问之道，引导天下人心趋向高尚的境界，现在就是一个特别好的机会，因此遇到这种机会的人，也就是如今的学者，都应该为了让社会福利变得更好而更加努力。

第十篇
赠中津旧友（续前）

上一篇曾经将学问的旨趣分成两类进行讨论。大概意思是说我们不能只把目标定为一人一家在衣食住行上的满足。因为人们天生就要担起比这更高的义务，那就是必须要投身于人类社会，并以其中一分子的身份，通过自己的努力来服务社会。

要想研究学问，就一定要立下远大的志向。做饭是学问、烧洗澡水是学问，谈论天下大事也是学问。但是，解决一家的生活很容易，但要经纶天下事务就很难。但凡世间之物，容易得到的都不值得宝贵，一件东西之所以珍贵，是因为来之不易。但根据我所了解到的，现在的学者似乎有趋易避难的通病。在以前的封建时代，就算学者在学问方面有所成就，但由于社会上的机会似乎非常有限，也没有办法施展自己的所学，于是不得不再求上进。这种做学问的风气虽然不是很好，但这些学者勤奋读书，努力让自己变得学识渊博，这的确不是现在的人所能比的。如今的学者却都不是这样了，他们可以一边学习一边实践和应用。比如做了三年的洋学生之后，虽然只是学到了一些关于历史、物理方面的知识，但也可以称为洋学教师，可以开办学校，也可以受聘担任教授，或是担任政府的官员，受到任用。还有更轻松的办法，例如读几本社会上流行的翻译过来的书籍，在社会上四处奔走，打听到一些国内外的新闻，然后据此进行投机，而且一旦进入仕途，便可以摆起自己的官架子。倘若形成了这样的风气，那么世间的学问便永远都不可能达到高深的境界了。用这样一种轻视的笔触来描述学者虽然并不是特别合适，但如果替他们算一笔账——入学读一年书的花费不会超过百元，读书三年的投资不超过300元，离开学校的第一个月就可以得到六七十元的月薪，这便是洋学生所打的如意算盘。至于那些不学无术或者一知半解就做了官的人，甚至连那300元的本钱都不用投入，就可以将每个月的薪水变成自己所获得的纯利润。这个社会上还有什么样的生意能有如此高的利润呢？就算与高利贷相比，也是不遑多让。以前，物价的高低是按照社会需求的多少来决定的；如今，从政府机关开始，社会的各个方面都急着聘用洋学生，所以他们便非常受欢迎。当然，我并没有胆量去责备那些投机取巧的洋学生，也不敢对愚蠢的使用者进行诽谤，只是觉得这些学生仍然需要在这种艰苦的条件下忍耐三到五年的时间，认真努力地去获得真才实学，然后再去担当重任，只有这样才能有所成就。唯有如此，才能让所有日本人民的智德得到增长，也才能跟西洋各个文明国家一较高下。

如今的学者都是为了什么样的目的来做学问的呢？难道不是为了追求赢得独立的大义与恢复自由自主的权利吗？既然说到了自由独立这个问题，当然也需要考虑到这两个词语中所包含的字面含义。所谓的独立，不光是居住在一座房子里，衣食无须依赖别人那么简单，这只是一层内在的基本意思；还有更进一步的外在含义，那就是要无愧于居住在日本国的日本人这个称号，与国人一起努力，让国家赢得独立自主的地位，只有这样才可以说是完全达到了内在和外在的要求。因此只想着自己一家人的衣食住行，这样的人只能说是一个独立家庭的家长，但却不能将其称作独立的日本人。

看看日本如今的发展形势，的确是空有一个文明的外表，却没有文明的实质；徒具一个文明的空壳，却没有文明的精神内核。如今我国的海陆军队能与西洋人的军队作战吗？绝对不可能。如今我国的学术能够去教导西洋人吗？不仅不可能，就连向他们学习恐怕都来不及。因此日本不但派遣留学生到国外，还会在国内雇用外国的老师，政府的各部、局、学校以至府县、港口，全都有外国人在工作。甚至一些私立公司与学校，在举办新事业的时候，大多数情况下也必定会优先雇用外国人，不但向他们支付丰厚的报酬，而且对他们也极为依赖。取人之长，补己之短，虽然人们嘴上都这么说，但是从眼下的情况来看，似乎我们有的只是短处，而他们有的都是长处。自打日本国改变了几百年闭关锁国的状态，猛地与文明社会的人进行接触之后，这种状况似乎更有水火不容的态势。为了调和这样的关系，就要雇用他们的人，或是购买他们的物资，来供应紧急需求，慢慢调和这种水火相克的矛盾。如果是因为迫不得已，才依赖他们暂时的供给，我们当然不能认为这是国家的失策。但是依赖外国货物，其目的只是为了让本国使用起来更加方便，那这终究不是什么长久之计。如果只是将这种做法视为一时的权宜之计，并以此来安慰自己的话，那么这种一时的权宜之计到底要等到什么时候才算是结束呢？怎样才能掌握无须依赖别人便能自给的方法呢？这样的愿望要想实现是很难的，只有静静地等待我国现在这些学者取得成就，也就是说，除了让这些学者想办法供应本国所需的物资之外，就再也没有什么其他的方法了。这便是学者们所担负的极为迫切的责任。如今我国所雇用的外国人，应该说都是我国那些尚未真正成熟起来的学者的代理人；如今我国需要购买外国的货物，那是因为我国的工业基础薄弱，因此暂时需要用金钱来换取，以方便我们的使用。为了雇用外国人与购买外国货物而花费金钱，是因为我国的学术还不如外国人，这就会让日本国的财富流向外国，着实令人感到可惜，对学者而言也是一种耻辱。

一个人对于未来必须要充满希望，如果对未来感到失望，那么社会上也就没有那么努力工作的人了。憧憬明天可以得到的幸福，能够给今天所遭遇的不幸带来安慰；为了明年的快乐，才忍受着今年的痛苦。以前世上所有的事都受到了旧规范的制约，有志之士也没有什么期望达到的目的。现在就完全不一样了，由于取消了制约，恰好为学者开辟了一个新世界，达到了可以担负天下所有事业的地步。类似务农、经商、治学、做官、写书、办报、普法、学习艺术、开办工业、建立议会等，各种各样的事业都可以进行。在此类事业上取得成就，并非是在国内和自己的同胞兄弟闹矛盾，而是与外国人展开智力上的竞争。在这种智力竞争方面取得胜利，能够让我国的地位得到提高，反过来则会降低我国的地位，所以，我们有很大的希望获得成功，而且这个目标也非常明确。但是兴办的社会事业也分先后、缓急，而国家不可或缺的事业就必须依靠每个人的贡献和特长，从此刻便开始进行研究。如果是一个通晓世务的人，那么绝对没有在此时袖手旁观的道理，希望我辈学者共勉！

由此可见，如今的学者绝对不能满足于一般的学校教育。学者的志向要远大，要明白科学的本质，要具备独立的精神，不能依赖别人。如果没有志同道合的朋友，便是单枪匹马，也要拥有敢于肩负起国家兴亡重担的魄力，将自己的全副身心都献给这个时代。对于只知道治人却不知道修身的日本国学家和汉学家们来说，我们对他们根本就没有好感。正是由于这一点，所以我从这本书的第一篇开始就主张人民享有平等的权利，并且力求让每个人都明白各尽其职、自食其力的重要性。但如果只是自食其力，还算不上是实现了学问的趣旨。例如现在有一个放诞不拘、沉迷酒色的子弟，要通过怎样的方法才能拯救他呢？要引导他走向为人的正轨，首先必须禁止他再无节制地饮酒和漫无目标地游逛，然后让他从事一份正当的职业。在他尚未戒绝酒色之前，是谈不到振兴家业的。就算这个人没有沉湎于酒色，我们也不能说他是个有道德的人，充其量只算是一个对社会无害的人，这个人也仍然难免被人称为废物。倘若他不但戒除了酒色，而且能够进一步地从事正当职业；不但能够养活自己，而且对家庭也有益——只有这样，我们才能说他符合了一个普通青年的条件。这就是自食其力的解释。

在日本国，士族以上的人由于千百年来传承下来的旧习气，不知道衣食是什么东西，也不明白怎样才能致富，骄傲地觉得不劳而获是自己与生俱来的权利，这便与那些沉迷于酒色，得意忘形的人没有任何区别。此时，对于这些人来说，只有提倡自食其力之说才能让他们从迷梦中惊醒，除此之外再也没有其他的办法，又怎么可能去劝说他们探寻高深的学问以及恪守对社会有益的大义呢？倘若这样劝说他们的话，便如同在梦里上学，而他们所学到的知识就更是梦里的梦了。这便是我们特意主张自食其力，而没有劝说他们去研究真正的学问的理由；因此这些话只是对那些尸位素餐之辈提出的一个普遍的忠告，而不是向有志于学问的人发出的劝解之言。

近来听说在中津的老朋友里面，有些人早在上学的时候便传授谋生之道。当然，轻视生计是不对的，但每个人的才智都有长短之分，而且对个人的前途进行考虑也是必要的，但倘若相互效法的话，势必就争着去谋生计，那么恐怕优秀的青年都不能成器了。出于对他本人考虑当然是可悲的，而且出于对国家社会的考虑也是非常令人可惜的。谋生尽管困难，但是为了一家人的生活而谋划，与其很早就挣到让家庭变得小康的钱，还不如勤俭节约、刻苦学习以待大成，只有这样，我们才可以期望他们的学问变得渊博、深厚。因此务农便要成为大的农田的主人；经商便要成为巨商；学习的人不仅不要贪图小康的生活，而且还不能畏惧粗衣淡食和严寒酷暑的辛苦，不要害怕碾米采薪的劳累。人们完全可以一边碾米一边学习，人类所持的食物绝不仅限于吃西餐，麦饭、豆酱汤，吃这些食物也仍然可以学习并掌握文明的学问。

第十一篇
论名分产生伪君子

在第八篇之中，我们已经举出了实际的例子对尊卑高低的名分在夫妇、父母、子女之间所产生的弊端进行了分析，并且还指出了很多其他的害处。考察名分的产生源头，虽然在形式上和用强大的力量来制服那些弱小的人没有区别，但归根到底，并不一定都是因为恶念才产生的，而是将社会上的人都当成了愚昧、善良的人，要想加以挽救和诱导，并对他们进行教诲或帮助，使他们在所有的事情上都唯尊长之命令是从，即便是很小的事情，也不让他们发表自己的意见，完全根据尊长的意志随意进行安排。这样的话，一个国家的政事，一个村子的管辖，一个商店的经营与一个家庭的操持，便都能获得上下一心的成效。它的主旨如同将社会上人和人之间的关系，都当作父母与子女之间的关系一样。

对于 10 岁左右的孩子，原本是不需要让他发表自己的意见的，通常来说，都是父母根据自己的意愿来给予他衣食。只要孩子没有违背父母的命令，听从父母的指挥，那么一到天冷之时，父母便会及时地为他们准备好棉衣，到了饥饿的时候，便会为他们准备好饭菜。他们的衣服和饮食，似乎是从天上掉下来的一样，想什么时候要什么时候就有，他们自由自在地、安然地在家中生活着。父母对子女的爱，就如同对自己身体的爱，一方面要进行教育，一方面也给予奖励或斥责，但无不是发自内心真正的爱。父母和子女犹如一个整体，其乐融融，这便是父母与子女的密切关系，而二者之间的名分也就非常自然地在这种关系上建立起来。但是社会上极力主张建立名分的人，总是想将父母与子女之间的这种关系，生硬地在社会上套用，虽然看似别具匠心，但从中也产生了极大的错误。他们根本就不知道，上述父母与子女之间的关系，仅仅存在于智力成熟的亲生父母与10岁左右的亲生儿女之间，如果要将这种感情放在别人的孩子身上，是很难适用的。即便是亲生的儿女，等到他们长到20岁之后也不得不慢慢改变方法。更何况在年岁渐长，甚至是已经长大成人的普通人身上，就更不可能用同样的方式来处理了，不然的话便会事与愿违。

如今，不管是一个国家、一个政府或一个村庄、一个公司，但凡可以用人类关系来命名的，都可以认为是成年人与成年人之间的结合，陌生人与陌生人之间的交往。倘若想在这方面的结合与交往上使用亲生父母和子女那一套方法，难道不是一件非常困难的事情吗？但是即便实际实行起来非常困难，可是心里想象着可以顺利实施的人，仍然会将自己所想象的这些方法付诸实践。这倒也可以说是人之常情，但这也成为世上名分之所以产生与专制之所以盛行的缘由。所以我们可以认为名分并不是由于恶念才产生的，而是一些人根据自己的想象强行制造出来的。

亚洲的各个国家，将国家的君主当作万民之父母，将人民称为臣子或赤子，将政府的工作称为牧民，在中国则将地方官称为某州之牧。这个牧字，如果按照饲养牲畜的意思来解释，就是将一州的百姓等同于牛羊。将这样一个名称公然地标榜出来，真的是太无礼了。像这样将人民视为孩童，或将人民当作牛羊，正如前面所说的，最开始的本意似乎并不坏，只是像父母养育自己的亲生儿女一样，首先认定国君是英明的，然后选举提拔贤良方正人士来辅佐国君，其中没有一点私心，没有半点杂念，直如矢，清如水，真可以说是推心置腹了。安抚人民最主要的就是爱护他们，如果人民处于饥饿就给他们粮食吃，如果遭遇了火灾就救济和扶助他们，让他们可以过上丰衣足食、安定快乐的生活。国君的德政如同温暖的南风的熏陶，人民望风而影从，如草木披靡，柔顺像棉花，混沌如木石，上下一致，最终实现了一片歌舞升平的太平治世，简直就是一派图画中的极乐世界。但是如果进一步对事实进行考察，就知道政府与人民原本就不是什么至亲骨肉，实际上只不过是一种陌生人之间的交际。陌生人在相互交往的时候，情谊往往不会起到任何作用，一定要通过法律契约之类的东西来进行约束，让双方都去遵守，哪怕一毫一厘也要争取，这样反而能够让双方和谐相处。这便是国家法律的缘起。更进一步来说，上面所描述的圣明的君主，贤良的人士与柔顺的人民，只不过是一种美好的理想罢了，在实际生活中，到底什么样的学校才能够培养出合乎这种理想的完美的圣君和贤臣，到底通过什么样的教育才可以造就这样顺从的人民呢？中国自从周朝开始，就曾经持续为这个问题而冥思苦想，但是一直到今天，这种符合理想的治世局面几乎一次都没有出现过。大多数情况下，往往与今天所遭受的外国人的压迫类似。这也是为什么那些并不是神明的圣贤不懂得这个道理而“有病乱投医”，妄图通过施行小恩小惠来冒充仁政一样。他们所说的仁政其实含有很大的强迫的成分，妄图强迫人民“叨沐圣恩”，最终的结果通常是“圣恩”变成了骚扰，仁政变成了苛政，怎么还会想着让人民来歌颂这种“太平”呢？假如真的想要歌颂圣恩，那么恐怕就只能一个人唱独角戏，再不会有人去奉承，这种想法的迂阔程度，真是可怜又可笑。

这样的风气，不光是政府，就是在商店、学校与神社寺院中，都存在着同样类似的现象。比如举个例子来说：在商店里，最熟悉店内业务的是店主，掌握总账的也只有店主一个人。店里虽然有很多店员担任不同的职务，但每一个级别的店员都不能明白买卖的所有情况，完全是店主一个人来进行布置的：工资要由他来发放，工作也要由他来分派，账面上无法看出买卖的盈亏，只有通过早晚间偷偷窥视店主的神情，才可以略微了解一些情况。店主脸上堆着笑容，就可以推测出买卖顺心，店主眉头紧锁，就可以断定必然是生意亏损，除此之外，就没有什么需要担心的事情了。他唯一需要关心的事情，就是有没有店员在自己经管的账目上做手脚，玩弄一些不可告人的把戏。就算店主像一只猫头鹰一样时刻不停地监视着，也无法像他想象的那么周到。或许他一直都觉得店员是一个守规矩、懂本分的人，直到他发现账目有亏空，或是店员突然死掉，才发现账目被篡改，出现了很大的漏洞，这才哀叹其人是不可靠的。实际上并不是这个人不值得信赖，而是专制思想本身就是不值得信赖的。店主与店员之间的关系与其他的陌生人没有什么区别，而店主在对盈利的分配方面并没有向店员做出适当的承诺，对待他就像对待小孩子一样，这确实不得不说是店主的失策。

正如前面所说的，因为极力倡导和维持这种尊卑的名分，总想着提倡这种虚名，来实行专制，毒害自己所能控制的范围，于是便形成社会上千百年来所流行的专门用来欺诈的权术。患上这种病的人就可以称为伪君子。例如封建时代诸侯的家臣，表面上都装出一副忠臣的样子，从外表看上去，他似乎是恪守了君臣上下的名分，他的行为举止也像是遵纪守法一样非常严明。主君死了，便去守灵；主君生孩子的时候，便穿着一身礼服去祝贺。其他例如新年的拜贺，家庙的祭祀，也从来都不会缺席。他们嘴上总是说什么“贫者士之常，尽忠报国”“食其禄者死其事”，一副振振有词的样子，似乎立刻就能够为君效死一样，所以普通人很容易就被这些人欺骗了。但是从另外一个角度来看，他们便是我上面所说的那种伪君子。在诸侯的家臣里面，如果真的有尽忠职守的人存在，他们自己的家中就不会积聚财富，因为家禄与薪水都是有固定数目的，除此以外便不会再有获得分文钱财的道理。但是事实上却不是如此，在收支相抵之后，他们还有很多富余，这难道不是怪事一桩？而且不管是做官所得也罢，贿赂所来也罢，都是在抢夺原本属于主人的东西。一个最明显的例子便是监工人员向工匠索要回扣，理财人员向有业务往来的商人索要礼物，类似事情，在德川幕府的三百诸侯[①]的家中已

① 德川时代的诸侯实际上只有 200 多位，但号称“三百”。

经司空见惯，甚至成为不成文的规定。那些对外声称下定决心为主人赴汤蹈火万死不辞的忠臣义士，竟然在为主人采办东西时抽头，损公肥私，成何体统？这种人可以被称为镀了金的伪君子。假如有极少数正直的人没有落一个受贿的坏名声，那么就可说是史无前例的有名之臣，在全藩能够博得好名声的人，充其量不过是个不会偷主人钱财的人。一个人没有偷盗之心，这并非什么值得称赞的事情，只不过是在伪君子的集团中有些人与普通人一样，与那些偷窃成性的人混杂在一起时特别引人注目罢了。之所以伪君子会那么多，是因为古人总是妄想将世界上的人都当作容易驾驭的好人，这样慢慢就发展成专制压迫的弊端，最终导致了养虎为患的恶果。因此我多次强调说这个社会最不可信赖和依靠的东西就是名分，而流毒最严重的便是专制和压迫，这难道不是很可怕的事情吗？

或许有人会说，如此列举人民不够忠诚老实的坏事例，的确是无边无际，更何况并不是每个人都这样；况且日本国一向自诩为仁义之邦，自古至今有很多义士为主捐躯。可是我始终觉得：古往今来，要说没有仁义之士的确是假话，但是他们的数量非常少，以至于都不足以拿出来举例说明。

元禄年间[①]，人们对于义气的称赞和弘扬可以说达到了盛极一时的程度。在封禄为 7 万石的赤穗藩，出现了 47 位义士。一个封禄 7 万石的藩，人口大约是 7 万，假如 7 万人里面只有 47 位义士，那么 700 万人之中也不过 4700 人。再加上人们经常这样说：物换星移，世风日下，人情越来越淡薄，义气也就越来越衰退。如果从元禄年间到今天这段时间内人会减少三成的义气，最终只剩下七成，那么这 700 万人中便只剩下 3290 位义士了。假如目前日本的人口是 3000 万，那么也只有 14100 人可以被称为义士。用这么少的人来保护日本这个国家，怎么能够担此

① 元禄（1688—1703）：日本东山天皇的年号。

重任呢？便是三岁的孩子也能够算得出结果。

按照上面的议论，就知道名分这种论调已经完全失去了市场，不过为了慎重起见，我还是要进行一点补充说明。所谓的名分，其实是专指虚伪矫饰来说的。既然是为了博得虚名，那么尊卑等级就都变成了没有用的东西。如果把虚伪矫饰的名义与实际的职责互相换个位置，那么只需要恪守职责和本分就可以了，名分也没什么要紧的了。换言之，就是要将政府视为国家的账房，他们拥有支配人民的职责。将人民视为一个国家的财东，便拥有向国家提供用度的职责和本分。文官的职责是商议政事、制定法律，武将的职责是服从上级命令，在疆场杀敌立功。除此之外，学者与商人也都有各自固定的职责。但是那些一知半解反而飞黄腾达的人，在听了“名分无用论”之后，很快就会将自己的职责也忘记了。在民间，他们会破坏政府颁布的法令，假借政府的命令去对民营产业和事业进行干涉。军队对政治进行干预，未经法律允许便出兵，文官威力不如武官，只好听从他们的摆布。倘若真的是这样，那么国家必将发生大的动乱。如果不能彻底弄清自由和自主的真实含义，那么违法乱纪等种种骚乱必将由此而产生。总之名分与职责和本分，文字虽然相似但其含义却完全不同，学者千万不要对此产生误解。

第十二篇

论提倡演说

演说一词，英文为“Speech”，即将很多人集合在一起，对着他们讲话，以便将自身的想法传达给他们。我国自古以来从未听说过这个词，仅有寺庙里僧人说法这件事与演说差不多。但在西洋各国，演说则十分流行，上到政府议院、学者聚会、商人公司、市民会聚，下到冠婚丧祭、开张开业等琐碎之事，只要集合十人以上，就必定会有人阐明集会的宗旨，或发表个人平生的观点，或讲述那时的感触，早已形成了当众发表见解的风气。此方法的重要性，实在无须赘言。比如西方国家的议院，在其开会的时候，如果不先具备演讲的方法，那么尽管有议院，也不会起到什么作用。

用演说这种方式阐述事理，其重要与否暂且不论，现在仅指出一点，即口头叙述是可以让人自然而然产生兴致的。例如使用文章叙述出来的不太让人感觉有趣的事情，一旦改用语言讲述，则不仅容易明了，而且会感人肺腑，古今著名的诗歌都属于这种。如果将这些有名的诗歌翻译成普通文章，便会感觉兴致索然。但是如果根据诗歌的方式，具有诗歌的文学体裁，便会感觉兴致盎然，让人心有所触动。所以将一个人的观点传递给众人，其快慢进度和传递的方式方法有很大关系。

为学不止于读书，这是众所周知的事情，无须赘言。学问的诀窍，在于它的活学活用，不能够活学活用的学问，相当于没有学。从前有一个这样的故事：一个研究朱子学派的学者，在江户①研究了很多年，并将朱子学派各个名家的学说书写成本，日夜不息，几年时间抄写了几百卷，自认为学业有成，可以回乡了。他走东海道，将自己的著作放在箱子里面，委托绕道航行的船运回去，不幸的是船在远州的海面上出了事。因为遇此劫难，虽然书生自己返回了故乡，然而他的学习成果却都沉到了海底。此时他身心俱疲，重新回到了所谓“空无一物”的状态，其无知恰与之前无异。如今的洋学家，也有此种缺点，如果到现在城市的学校中去看看他们读书与探讨问题的那种情形，好像也不是不能将他们称为学者。但是一旦把他们的书拿走，让他们去乡村中，恐怕当他们在遇到亲朋好友的时候，或许也会说出“我的学问都寄存在东京了”这种奇怪的话吧。

有鉴于此，我认为学问的宗旨不止于读书，更重要的是精神上的活动。如果想要灵活地开展这种活动并将其付诸实践，那么就必须要下很大的功夫。“observation”一词的意思是观察事物。“reasoning”一词的意思是探讨事物的道理然后再加上自己的看法。如果只做到了这两方面，还不可以说是已经做到了学之能事。另外还须博闻强识，著书立说，同人探讨，或者发表自己的论著。只有做到以上种种，才可以算得上是致力于学问之人。换而言之，就是凭借观察、探讨、读书等方式方法搜罗知识，借助话语交换知识，并以著书与演说作为传递知识的方法。不过在上述各种方法当中，有的仅需一个人就能够做到。至于谈话演说，则非借助于多个人才行，因此演说的重要便不言而喻了。

如今我国人民最为忧愁的事情，莫过于人民见识不高，而现今学者的职责，当然是引导人民让自身的见识提高。只要决定了指导的方式，就一定要尽心尽力从事。然而虽然清楚了解谈话演说在治学方面的重要性，却无人愿意实践，这到底是什么原因？那只是因为学者们的懈怠罢

① 江户：明治维新之前东京的旧名。

了。人世间的各种事物，原本就有内外两面的分别。正是由于事物具有两面性，因此必须要齐头并进，全面发展。如今有非常多的学者，仅仅在内部这一方面下功夫，而对外界的事物则茫然不解。这一点一定要加以思索。殊不知那些被称得上是真正学者的人，一定会做到内心深沉如渊谷，待人处事灵巧如飞鸟，律己谨慎不苟，待人豁达大度，只有如此才可以。

论一个人的品行必须要高尚

前面已经指出，如今我国最值得担忧的事情就是人民缺少见识。一个人见识和品行的高低，不能仅凭谈玄论理去平衡。比如禅家有所谓的悟道之说，其理论玄妙无稽，而在看了僧侣们的行为之后，更觉迂远而不切实际，事实上跟毫无见识没有什么区别。

再者，人的见识品行的高低也不能够仅仅凭借见闻渊博与否来判断，有的人虽然读万卷书并且和天下人交往，但他自己却没有固定的看法。现在有志于革故鼎新的西洋学问的人，或读经济学方面的著作，或说什么修身养性，或是学习哲学，或是学习科学，将自己的全部精力都寄托在学问上，其勤恳研究之苦，犹如古人的头悬梁、锥刺股。但是假如涉及他们自身，便会发现并非如此。这类人虽然眼中看着经济书，但是却并不能管好自家的财产；虽然讲修身，却并不知道提高自身道德。他们言行不一，似乎完全是两个人，更看不出他们有什么见识。

这些学者嘴里说的与眼里见的，尽管不能说是完全错的，但是“实事求是”和“自以为是”完全是两码事。二者有时是统一的，有时则正好相反。俗语说“当医生的不会养生”与“读《论语》的不懂《论语》”，就是这个意思。所以我们能够确切地说，人的见识品行之高，不能仅凭空谈玄理，也不能仅凭见闻是否渊博。

那么到底要用什么方法才可以把人的见识提高，进而让品行也提高呢？其诀窍只有一个，那就是对事物的情况进行细致的分析和对比，力争向上，不要自负骄傲。不过这里所讲的分析和对比，不只是一事一物的对比，而是要将此一事物全面的状况与彼一事物全面的状况排列起来，衡量彼此的得失，毫无保留地进行观察。比如现今的青年学生，只要没有沉迷于酒色等不良恶习，并且能够认真用功，便不会遭到父兄尊长的斥责，甚至会体现出得意的神情。但是这种得意不过是与其他无赖学生对比的结果。学生认真用功，乃是人之常情，并不值得特意称赞。人生的目标本就应该有更高的要求。如果遍数古今人物，与其中某人相比，只能与其功绩相等，那么便不可满足，一定要效仿更高明的人物。例如我只有一件拿手的事，但他却有两件，所以我便不可以安于一得。何况要在后来居上的原则下，立志做个空前绝后、无可比拟的人呢？可以说现在人的使命是非常重大的。然而若只是依据认真用功一事来判断人生的前途，那就太欠缺考虑了。本来沉迷于酒色的人，仅能证明他是一种不同寻常的怪人。若是因与此怪人相比而洋洋自得的话，那就如同有了双眼就自鸣得意地向盲人炫耀一样，正好体现了他的无知。所以好作酒色之谈的人，不管他是言语中肯，或者论是说非，总之他不外乎是一个卑劣的人，但凡一个人的品行稍臻上流，就不可能说出这种低贱的话，否则纵然议论时谈笑风生，也只是惹人厌恶罢了。

如今日本人评述学校，不是讲这个学校的风气怎么样，就是说那个学塾的管理怎么样。世间身为父兄之人，特别关心校风管理之事。然而所谓的校风管理，到底是指哪些事情呢？假如是指森严的校规，为着预防学生的狂妄无赖而实行周密的管理而言，那就不仅不是探究学问的好事，还可以说是一种羞耻。西洋各国的校风决不能够算好，偶尔还会发生不堪入目之事，但是在评述他们学校的时候，却没有听说只是凭借校风之纯正和管理之严谨即取得声誉的，而学校的声誉只在于学科的进步，教学的精良，学生品行的高尚以及谈吐的不凡等。所以我觉得主办学校之人，不要把如今在学校学习的学生与其他不良学校的学生相对比，而是要参考世界高水平的学校，来断定其是非得失。校风良好与管理严谨，尽管不失为学校的优点之一，但是这种优点恰好是学校里最微不足道的部分，不值得夸耀。假如要想同高水平的学校相比，那么就应该在其他的地方加倍努力，因此讨论所谓管理是学校当务之急的事情的时候，决不能因为管理周到而感觉满足。

针对一国的情况来讲，也是如此。比如现在有一个政府，擢用贤才君子之士管理政务，体察人民的苦乐而采用恰当的方法。赏罚分明，恩威并用，万民欢乐，天下太平，这好像是值得炫耀的。然而所谓的赏罚、恩威、万民、太平，都只不过是一国内部的事情，一个或者几个人的意识中所产生的概念。所以其所谓得失，也仅仅是与本国前一时代或者其他不好的政府对比，而非将全国的所有状况，与其他国家从头至尾进行详尽对比的结果。倘若把全国视为一个整体，来与其他文明国家进行比较，考察彼此在数十年间的所有得失，从而恰当地取长补短，再根据实际所见去谈论其损益，那么他们所炫耀的事情便决不足以炫耀了。

例如，印度这个国家不能说不古老，其文明的历史可以追溯到西历纪元几千年之前，其理论的玄妙精湛，即使和如今西洋各国的哲学相比较也毫不逊色。又比如从前土耳其的政府，也曾风靡一时，礼乐征伐之法，十分完备；国君英明，朝臣忠正；其人口之众多，士兵之勇猛，在当时邻近的诸国当中，更是标新立异，一时名震四方。一切对印度与土耳其的评论，没有不说印度是著名的文化古国，土耳其则是英勇的大国。然而如今这两国的真实情况，已大不如从前。印度沦落成为英国的领地，其人民与英国的奴隶无异。印度人的职业变成了种植鸦片，英国商人则贩卖鸦片，迫害其他国家并从中获利。土耳其政府尽管名为独立，可是商业大权却被英法人掌握在手中。由于自由贸易的关系，本国的物产日渐衰退，没有人去织布，没有人制造机器，所以人民不是挥汗耕地，就是无所事事，虚度光阴。所有制成品都依靠英法输入，国家经济没有办法治理，纵然是一向以英武著称的士兵，也会因为贫穷的影响而失去作用。

综上所述，印度之文与土耳其之武，尽管曾经显赫一时，但是都未曾对其国家的文明做出贡献，这究竟是何原因呢？这是由于人民所看到的只限于国内之事，满意于本国的现状，并将其中一部分状况和他国进行比较，并认为旗鼓相当，即掩耳盗铃之行为。讨论与同伙的见解都逗留在如此地步，不懂胜败荣辱是针对全局而言，所以不管是天下万民共贺太平，或者是国家发生内战，其结果都是在无声无息间受到外商权势的压迫，直到国家败亡。试观外商所到的国家和地区，在亚洲已经可以说是所向披靡，实在令人感到恐怖。如感到这个劲敌的威胁，并且仰慕其国家的文明，则须把内外情势详加对比，并为了国家文明的前途而奋斗。

第十三篇 论怨恨的危害

尽管世间不道德的事情已经非常多，然而对人们交往危害最大的却只有怨恨这一种。比如贪吝、奢华、诽谤这一类的事情，自然都是十分明显的不道德的行为。然而认真思索之下，这些行为的实质并不是完全不好的，有时因为应用的场合、程度的强弱与进行的角度不同，就可以免于不道德之名。例如爱财无餍被称为贪吝，但是爱财是人的天性，如果为了充分满足这一天性，那么就不能责备他。唯有贪得分外之财的时候，即求之不得其所，爱财超乎常规，超乎情理之外，或昧于求财之方，违背了情理的时候，才能够说是贪吝且不道德。因此不能因为仅仅看了爱财的内心活动就立刻给他下一个不道德的定论。在德与不道德之间，其界限是有一定尺度的。在界限之内的叫作俭朴，又叫经济，应该成为社会上值得提倡的一项美德。奢华也是如此，仅凭借是否与身份相称这点来判断德和不道德是不客观的。喜爱穿轻暖的衣服与住好的房子，都是人之常情，符合自然的道理，满足这方面的需要怎么可以说是不道德呢？财积当散，不逾常理的散财行为，便可以说是人间的美事。

诽谤与辩驳也是难以区分的。诋毁他人叫作诽谤；发表自身所认为的真理并将他人的困惑解除，这叫作辩驳。因此在社会尚没有发现真正的公理之前，还不能判断人们的谈论何谓“是”，何谓“非”。在是非尚未判定的时候，虽然可以把社会的舆论作为公理，但是欲明悉舆论所在也是非常难的。因此不能一见诬蔑他人的人就立刻说他不道德。要想区分其究竟是诽谤还是辩驳，首先必须要探寻世间的公理。

另外比如自豪与无畏、粗犷与率直、鄙陋与踏实、轻浮与敏慧等，都是相对而言，需要从应用的场合、程度的强弱以及展开的角度来区别德和无德。假如行为的实质完全是不道德的，无论它的场合、角度如何，都可以认定其为最坏的行为，那就唯有怨望了。怨望是行为的阴暗面，并且是不上进的。一个人因为其他方面的状况感觉不满，不能反躬自省，而是通过对他人多方苛求来宽慰自身的不满，这种方法，不但对自身没有多大的好处，而且对别人损害也更大。例如在比较他人的幸运与自身的不幸之后，并不省察自身不足之处，不想方设法去弥补，而是总想让他人陷于不幸，让他人的状况更加恶化，以求跟自己一样，这就是所谓“恶之欲其死”的行为。这种人为了补偿自身的不幸，去损害社会上其他人的幸福，实在是有百害而无一利的行为。

有人说欺诈或者说谎这种坏事的本质也是坏的，且与怨恨相比较并没有轻重的区别。我觉得这句话虽然看上去好像有一定的道理，但是如果就事件的缘由与结果来讲，却不能够说明它们本身之间没有轻重的区别。欺诈与说谎自然是非常不好的事情，但是并非是形成怨恨的缘由，多半是因为怨恨而形成的结果。怨恨正如“众恶之母”，由于有它，世间才产生了一切不好的事情。比如猜忌、妒嫉、恐惧、卑怯之类，都是因为怨恨才产生的。而从它藏匿的形态来看，多是密语私言和阴谋诡计；如果一旦爆发，便会变成朋党暗杀、内乱暴动，不仅对国家丝毫无益，而且如果祸乱波及全国，大家都将遭受其害，这是真正的牺牲公利以逞私愤。

怨恨对于人和人之间的关系是如此有害，如果追溯它的根本，其实只不过是一个“穷”字。但这并不是指穷困、贫穷的穷，而是指堵塞言路，损害人们活动的那种行为，让人类的本能活动陷于穷迫的地步。如果是将贫穷、穷困作为怨恨的根由，那么天下的穷人都要申诉不满，富贵的人则将成为“怨恨之渊薮”，人和人之间的关系恐怕一天都不可能维持下去了。不过实际上却并非如此。不管如何贫贱的人，假如明白自身之所以贫穷的根由，即如果清楚贫穷的原因在于自己本身，就决不会盲目地怨恨别人了。现在我们没有必要列举例证，只要看到现在的世界上确实有富贵贫贱的区别，却能够很好地维持人与人之间的关系，就可以明白了。所以说富贵并非是怨恨的根源，贫穷也不是不平之气的根源。

由此想来，怨恨并非因为贫穷而产生，仅仅是由于人的本能活动受到约束，处于祸福之中却不能够自主，这样的人才容易产生这种情绪。从前孔子曾叹息“唯女子与小人难养也”。现在看来，这可以说是孔子根据自身的体会所发出的感慨。如果从人的心性来讲，男子与女子其实并无区别。再者，他所讲的小人指的就是奴仆，但是奴仆并非天生就是奴仆。而奴仆和贵人的天生性格并没有什么不同。那么为什么只说女子与小人“难养”呢？这是由于以前的政府常常给人民灌输卑屈意识的原因，把柔弱的妇女与奴仆束缚，让他们丝毫不可以自由活动，所以就产生了怨恨的风气，等发展到了顶点的时候，就连孔夫子都为之叹息。如果行动不自由，就肯定会怨恨他人，这是人之本性。这种显明的因果关系，就如同种瓜得瓜、种豆得豆的道理一样。然而被称为圣人的孔夫子，不明白这个道理，又不能从其他方面进行探究，也就只能发出这样的叹息了。不过孔夫子的时代距离明治年间已经有两千多年，在未开化的时期，如果想要适应那个时代的人情风俗并实行教化，将当时社会的人心维持住，就必须采取束缚式的权宜之法。就算孔子真的是圣人，具有洞察万世之后的真知灼见，然而在当时也只能应用这种权宜之法。因此后世学习孔夫子之人，也一定要考虑时代这个因素，进而决定如何取舍。如果要是有人想将两千多年以前的教条纹丝不动地搬到明治时代来实行，那真可以说是不识时务了。

这里再举一个近代的例子，在日本封建时代，很多诸侯侍女的情况最能够证实怨恨盛行对于人与人之间关系的害处是最大的。一般来说，在当时的诸侯府中，由一群没有学识的妇女来侍奉一个没有智德的主子，勤奋的不会得到赏赐，懒散的也不会受到惩罚；有进谏而被责骂的，有未进谏而被责骂的；讲话也好，不讲话也好；欺诈也不好，不欺诈也不好，一天到晚，只是见机行事，试图侥幸获得主人的恩宠。这种情形正如无的放矢，射中不算巧妙，没有射中也不算笨拙，可以说是于人世之外的另外一个世界。生活在这样环境中的人，喜怒哀乐的心情必定会发生变化，而且与其他人也不一样。纵然她们中间有时会出现能够出人头地的人，但是他人也不会去学习其出人头地的方法，仅有钦羡之心，钦羡之极就会产生嫉妒。所以整天忙着嫉妒同辈，怨恨主人，哪里有时间去思考主人家的恩泽？在她们之间，忠信节义只是门面话，实际上就算看到席子上撒了油，只要没人看到，便不会去擦拭，甚至在主人病危的时候，还有非常多的人想起平日相互嫉视的情况，而不去照料主人的病。更进一步讲，因为怨恨嫉妒到了顶点，就连迫害主人的传闻也有很多。如果将从古至今类似的坏事加以统计，又比如将诸侯府上发生这种事的数量与社会上普通人家发生这种事的数量进行对比，那么必定是诸侯府上发生的坏事更多一些，这是能够断定的。怨恨的祸害岂不是十分可怕的吗？

看过上述诸侯侍女这个事例之后，就可以推知出社会上的大致情况。人世间最大的祸患是怨恨，而怨恨的根本是“穷”，所以一定要集思广益，不可有损害人的活动。试将英美等国家的状况与日本的状况相对比，在人的社会关系这一方面，假如有人想知道到底是哪一方面摆脱了诸侯府里的那种状况，那么我们就会这样回答：现今日本的状况虽然不能说是和幕藩时代一样，但是如果从两者之间的距离来说，那么日本的情况是更接近于幕藩时代的，而英美等国的情况则距离比较远。英美等国并不是没有贪吝骄奢的人，也并不是没有粗犷狂暴的人，而且也存在欺诈的行为，其风俗决不可以说是完美无缺的。只是在内心藏有怨恨之情这一方面，却与日本有所不同。如今的有识者提倡成立民选议会，并要求出版自由，其得失暂且不论。这种提倡的动机，不外乎就是这些有识者认为不应该让现在的日本像以前的诸侯府那样，不应该让如今的日本人民像以前诸侯的侍女一样，他们想要让怨恨转变为积极的行动，消除妒嫉的心理，鼓励相互竞争的风气，毁誉祸福全都通过个人的力量来掌控，从而让全社会的人都明白咎由自取这个道理。

将人民的言路堵塞，对人民的活动进行损害，乍一听似乎仅限于政府在政治上的某种弊端。但这种弊端并不一定只在政府出现，在民间也有非常大的流毒，因此如果只在政治上进行改革，也是无法将其根除的。在本篇行将结束时，针对政府之外的情况再谈几句。

其实人们都是喜爱交际的，但是由于习惯的关系，有的时候反而变得讨厌交际。世间有孤僻成性的人，特意在穷乡僻壤居住，以回避所有的社会交往，我们将这种人称为隐士。也有一些人并非真正的隐士，仅仅是不想与他人打交道，从而离群索居，力避尘俗，自命清高。我推测这些人的本意也并不是因为厌恶政府的举措而萌生退意，仅仅是由于意志消沉且越来越弱，失去了与事物接触的勇气，而且又胸怀狭小，不能够容纳他人。由于不能容人，也就不被人所容。如果别人退一步，自己也退一步，那么双方的距离就会越来越远，以至于将别人视为异类，最后竟然成为仇人，相互怨恨，这真可以说是社会上的一种大灾祸了。

又比如在人们的日常交往中，还没有见到对方的人，仅仅是看见对方所做的事情，或者是在远方听到对方的话，只要觉得与自己的想法稍有不合，就不仅不会产生惺惺相惜的情感，反而会产生憎恶嫌忌的想法，而且大半都是非常过分的。这也是天性与习惯使然。比如商讨一件事情，只凭借传言与通信大多是不可能将问题解决的，然而一经面谈，通常就会将问题圆满解决。又比如时常听闻某人有怎样怎样的说法，但是当面一谈，就明白完全不是那个样子了。大抵是因为人类的情感中存在宽恕的心理，一旦互通情谊，怨恨嫉妒的想法自然就消失了。从古至今以来发生过很多暗杀事件，我总是认为：如果有恰当的机会，可以让暗杀者与被暗杀者相处几天，然后双方毫不避讳地诉说各自的真实想法，那么就不会觉得有多么深的仇恨，两人不但会相互谅解，而且很有可能成为至交好友。由此可见，堵塞言路和阻碍活动，不仅是政府的弊端，而且还普遍盛行于全国人民中，就连学者也在所难免。这说明如果不接触事物，人的蓬勃朝气就很难产生。因此，言论应当听其自由，活动应当听其自由，贫贱富贵也只能让他本人自己去争取，别人不能加以阻碍。

第十四篇

论内心的自省

我们曾经耳闻目睹很多这样的情况：一个人在无意识状态下做了坏事，或是在无意识的情况下做了蠢事，还有就是会非常意外招致失败。不管多坏的人，也不一定一辈子都想做坏事，但是在待人接物的时候，恰巧产生了恶念，虽然明明清楚不可以这样做，但是仍然为自己找借口，勉强安慰自己。又或者是当时并不觉得是什么坏事，不但无愧于心，而且一心无二地认为那是件好事。假如有人提出反对，反而会让他变得愤怒，但是通过相当年月的反省之后，他最终会意识到自己当时行为失当，并对此感到十分惭愧。

一个人或智或愚，其强弱虽然不同，但是没有人会觉得人的智力连禽兽都比不上。我们必须要明白，世上有各种不同的事业，必须要加以区分，选择从事适合自己的工作。然而有非常多的人在工作当中，通常会在无意间犯下过失，致使其违背初衷，从而被世人所嘲讽，自己也会感觉后悔。纵览世上有志建功立业而谋划失误的人，不禁捧腹并窃笑其愚蠢。然而谋划的人并非就是如此愚蠢，如果经过充分调查并查明真相，就能明白他们当时那样做并不是全无道理。只是由于世事变化迅速，不易提前侦知，因此尽管属于明智之人，也会意外做出不明智的事。

此外，人们的计划经常过于宏大，而且很难正确地预估事业的大小及难易程度、时间长短。富兰克林曾经说过：“就算是经过充分思考的事情，一旦到了即将付诸实行之际，仍然会觉得考虑不周。”这实在是至理名言。比如嘱托木工盖房子和向裁缝定做衣服的时候，十有八九都会误期。这并不是木工和裁缝有意不遵守信用，而是他们事先并没有将工作完成的时间精确地算出来，这才导致了无意的违约。世人常常责问违约的木工和裁缝，也并非毫无理由，木工和裁缝也深表歉意。这些顾客好像十分明白事理，但是他们自身所从事的工作，是否可以遵照期限完成不误呢？再比如来自乡下的书生，立志历尽艰辛，在三年之内把学业完成，但是其志愿到底能否圆满达成呢？又比如自负才高的人，将渴盼已久的原版著作搜求到，限定三个月之内要将其读完，届时当真可以如愿吗？还有一些有识之士，一再上书政府，力言假如让他们加入政府就会如何如何，并保证半年之内能够让政府面貌一新。然而等到他们实现参与政事的愿望之后，也不见得能够完全兑现诺言。此外又或许有个穷困的书生会说："我如果拥有万两黄金，肯定会马上在日本广设学校，决不让任何一人失学。"但是假如遇到良好的机遇，做了三井、鸿池[①]的养子，却又未必可以践行诺言。这种梦想，数不胜数，都是因为不能够精确计算事业的难易程度与时间的长短，要么是预计的时日过短，要么是将事情看得太过简单。

又比如，当我们听到社会上某人创立某项事业的计划，就能够明白：他在一生或者十年以内将要做的事是最多的，在三年或一年以内将要做的事就少一些，在一个月以内或是计划后马上要做的事情就更少了。然而我们至今还未曾见过有谁已经将十年之前所订立的计划完成了的。他们谈到那样漫长且悠远的未来，似乎计划得十分远大且周密，然而当最后期限逐步迫近，甚至到了期限结束的那天，这人还不能详述其计划。这种不稳妥的事情，就是因为制订计划的时候，没能够精确计算时间的长短所导致的。

综上所述，在人的一生当中，时常会在关乎道义的事情上出现无心

---

① 三井、鸿池：日本的两大财阀。

之失，或是在聪颖的事情上无意识地做出愚蠢的事，在事业上也有可能遭遇意外的失败。对于这种不称心的事情，自然有种种防范的办法，但是其中一项通常是被人们所忽略的，那就是对事业的得失成败与否，应该时常在胸中妥为盘算，用经商的话来讲，就是要盘货结算。

大凡商业经营，没有从一开始就想着赔本的。商人首先应该要顾及自身的才能与本钱，并且要洞察商情，才可以开始营业。之后随着行情的变化，或是称心如意，或是事与愿违。又或许这批进货赔本，那批销售获利，在年终或者月终结账时，发现按照预计的情况要么进展顺利，要么相差巨大；又或者在买卖忙碌时觉得经营这种商品有利可图，等到看到盘货结账时所做的损益对照表，才知道与原来的预计相反，造成了损失。又比如进货的时候，有时觉得数量不够，等到盘货结账时却发现货物积压，并且销售也颇费时日，于是又嫌弃自己进货过多了。可见商业经营中有一件非常重要的事，就是平日不仅要精细结账，而且更要如期盘货结算。

其他的事情也是一样。因为人们从 10 岁左右懂事之后就会开始从事与商业买卖类似的活动，因此一定要注意精密盘算一生的智德事业，力图防止损失，而且一定要对照经商而谋划以下各个方面：过去 10 年之中有哪些损失和收益，现在应该做哪种买卖及其行情如何，应当买进哪种商品，在什么时间什么地点出售，自律是否严格，是否给懒散懈怠的习气以可乘之机，今后假如从事同样的事情，是否前途光明。另外还有无其他有益于智德的方法。如果针对上述事项逐一检查，就像商人盘货清算那样进行总结，那么在过去和现在的品德方面，必定可以发现很多不妥之处。这里举例说明如下。

以前有的人虽然口头上讲“贫者士之常，尽忠报国”，但是却贪心地把农民所生产的大米都吃光了，并且面露得意之色。时至今日，生活实际艰苦，但却不知道外国已经有枪支，自己仍然购买刀剑，结果由于刀剑无用武之地而感到后悔。又有人特意钻研中日古籍，不管与日俱增的西洋学术，过于信古不疑，如同念念不忘去年夏季酷暑的商人，即便到了严冬之际，仍然购进大批蚊帐，以便来年热销。还有一些青年学生，学问还未有所成，便骤然求做小吏，以致一生沦于微职，就如同将做成一半的衣服质押于当铺，而不能赎出来一样。也有人还不具备历史、地理的基本知识，连书写普通的信件都感觉艰难，却妄图阅读高深的著作，开卷不到五六页，却又想要去读别的书，正如手头没有资本却做起了买卖来，而又不时地改行一样。又有人尽管读过很多关于治国理政的书籍，却不知道天下国家的大势，以至于连个人和家庭的温饱都不能解决，这就好比连算盘都未曾购置过，就开起杂货店做生意一样。还有人只知道治天下却不知修身，就好比建议邻居看好家当，却不知道盗贼已经进入自己的家一样。再比如有人口头高唱进步而心中实则没底，不去思考自己到底是哪一类人，就好比只知售品的名称却不清楚其价格一样。以上种种不合理的现象，在如今的社会上举目皆是。追溯其根本，就是因为人们随波逐流，不注意自我反省，对于之前做过些什么，现在正在做什么与今后应该做什么，没有进行自我反省所导致的。因此为了解商业经营的状况，树立日后的计划，一定要做账目的结算；为了解本身的状况，建立日后努力的方向，更要做智德事业上的反省。

“照顾”的含义

“照顾”一词有两层含义，一是保护，二是命令。所谓保护，即从旁帮助与保护他人，或给予金钱物品，又或者是在旁人身上花费时间，让其利益和名誉不会丧失。然而所谓命令，则系为他人设身处地着想，向其指出妥当的方法，如果对方觉得欠妥，即不惜向其提出反驳，并且竭力发出忠告。这也是照顾的意思。

综上所述，照顾包含保护与指示这两层含义。如果对于他人的照顾可以做得恰到好处，世间即能够安定圆满。比如父母为子女提供衣食，给予保护性的照顾，子女也遵从父母的话语，接受指令，则亲子之间就能够亲爱和好。又比如政府制定法律，依法保护人民的生命、名誉及财产的安全，寻求普遍的安全，给予保护性的照顾，人民也服从政府的法律，接受指令，那么公私之间就可以安定融洽。

因此保护和命令既为两事，但是彼此又相依并存，不可以加以混淆丝毫。保护所及，也就是指示所到之处，而指示所到之处，又不可以不是保护所及之所。假如两者所发挥作用的程度有所差距，那么尽管这种差距极其微小，也会产生不协调的现象，变成祸害的根本，世上有不少这样的例子。由于人们时常把照顾的字义搞错，有单独将其理解为保护的，也有只将其理解为指示的，偏于一方，没有完全明白其含义，因此导致大错铸成。

比如毫无节制地将钱拿给不听父母话的不肖子弟，这样做反而更加助长了他们玩乐放荡的行径。这就属于保护性的照顾，虽然做得全面周到，但是并没有做出命令性的照顾。又比如儿女谨慎勤奋、听从父母的指令，但是父母却不能给他们提供充足的衣食，使其陷入辍学的境地，那就是只有命令性照顾，却忽视了保护性照顾。前者是做儿女的不孝，后者是做父母的不慈，都属于人间的不幸之事。

古人曾有“朋友数，斯疏矣”[①] 的箴言。说的就是对不听劝告的朋友表示过分关心，又不明了其心境，总是厚着脸皮提出反驳，以致让对方感到厌烦甚至是憎恶、轻侮，其结果当然起不到任何作用，最终朋友之间反而变得疏远。这就说明既然指示性的照顾行不通，那么保护性的照顾也就不必要了。

又比如以前曾经有过乡下的老人，总是会拿出以前修订的族谱来对别人的生活指手画脚；还有生活过度贫穷的叔父，会叫本族的侄子出来，对家事进行指责，并斥责薄情，品性不端，甚至假借莫须有的祖先

---

① 出自《论语·里仁篇》，意为“指责朋友，就会被朋友疏远”。

遗言，来抢夺侄子的家产。这种状况，是命令过多而保护全无所导致的，俗语所谓“照顾太甚”，说的就是这个意思。

又比如世间的所谓贫民救助，既不问其人的品性好与坏，也不追究其贫穷的缘由，仅是看到贫困的情形，就把米钱给予他们。对于鳏寡孤独且没有依靠的人，自然应该加以救助，但是在领到五升救助米的人中，却不免有把其中三升救济米换成酒喝掉的人。既然没有下令禁酒，而且贸然给米，就是没有实行指示性的照顾，超出了保护的限度，俗话说“操心过度”，说的就是这个。对这一条，即便是英国政府在颁布救贫法律时也感到十分为难。

如果将这个道理拿来用在一国的政治上，总是人民以租税的方式向政府缴纳费用，政府用来保护普通百姓的生计。但是在专制政权之下，政府完全不会采纳人民的建议，而且也没有可以提出建议的地方。这就是只做到了保护的一方面，而指示的道路却被堵塞了。对人民而言，这也可以说是政府“操劳过甚”了。

这种例子，实在数不胜数。可见这个照顾的字义已经变成经济上最为重要的因素，人们在生计方面，不论职业的异同或事务的轻重，都须时常加以留意。或许有人会觉得这样做只需要拿着算盘计算就可以了，又觉得好像有些刻薄。不知如何让本来薄弱的地方努力得到加强，这反而对人类的至情是有害的，让人们在来往中感觉非常苦恼，也可以说是沽名钓誉、有名无实了。

以上论点固然可以成立，但是我仍怕世人有所误解，因此这里特意再附上几句话：修身之道并不是完全同经济方面的法规没有冲突。这是由于个人的私德并不能完全对天下的经济造成影响。比如施舍财物给素不相识的乞丐，或者一见穷苦可怜的人，不问其由来，就施舍一些财物，这种救济的行为算是保护性的照顾，但是这种照顾并没有与指示性的照顾同时施行。假如缩小思考的范畴，只从经济上是否公平来考虑，则似乎并没有什么不妥之处，但是从私德角度来说，这种施惠之心是最为可贵的，应该加以嘉许。假如世上有禁止乞讨的法律，固然属于光明正大的举措，然而人们私下把钱物施舍给乞丐的好意，也无可厚非。世上的事情是不可能完全由算盘来决定的，然而一定要严格区分可用和不可用的地方，这点非常重要。希望世上的学者不要因为只考虑经济却忽略了仁惠的私德。

第十五篇
论对事物的怀疑与做出取舍

轻信就容易受骗，怀疑能够获得真理。怎么证明？试看世上的蠢人，通常轻信于人言、传闻、书信、小说；迷信于神佛卜筮；父母如果生了大病，总是相信按摩就能治病，或是服用一些树皮草根；女儿出嫁，则听信算命先生的指点，因此导致失去一位佳婿；有病不去看医生而去求神拜佛；甚至寄希望于不动明王[①]可以镇压邪鬼，甚至有因此而绝食丧命的。这些在民间流行的风俗习惯，根本不算什么真理，真理少了，那么欺骗必然增多，但是由于一般人容易轻信，所以容易受其迷惑，因此我说，轻信就容易受到欺骗。

文明的进步，是由于人们对世界上有形的物质与无形的人事两方面的动态进行不断的研究，进而发现是由于真理推动的。西方各国人民之所以能够达到如今的文明程度，追溯其根本，可以说都是由于怀疑而产生的。比如，伽利略因为对天文学的旧理论产生怀疑进而发现了地球是运动的；伽伐尼[②]怀疑青蛙腿的痉挛进而发现了生物电；牛顿因为见到苹果落地而产生怀疑，地心引力因此被发现；瓦特见水壶烧开之后产生蒸汽而有所怀疑，因此导致蒸汽得到了利用。可以说，一切都是从怀疑

① 不动明王：佛教传说中可以降伏魑魅烦恼的神灵。

② 伽伐尼（Luigi Galvani，1737—1798）：意大利解剖学家、医生、物理学家。他是第一批涉足生物电领域研究的人物之一，这一领域在今天仍然在研究神经系统的电信号和电模式。

而引发了深入的研究，最终得到了真理。如果暂时将物质领域抛开，改为从人事方面来考察，就能够了解其进步的情状也是差不多的。比如托马斯·克拉克森[①]反对买卖奴隶法律，也是由怀疑出发，最终为后世阻绝了人类的一大惨剧。马丁·路德对罗马旧教有所怀疑，认为它不合理，于是实施了宗教改革。法国人民对贵族的骄横心生怀疑，于是爆发了革命运动。美国人民对英国成文法的约束产生怀疑，因此起来反抗，最终获得了自由和独立。试看现代西方的很多学者，他们之所以能够以一种日新月异的速度创立新学说，将人们引入文明领域，其要义就在于大胆反驳古人认为已经认定的学说，即便是对于社会上常见的不容怀疑的习惯也进行怀疑并深入研究。比如当今一般人都会觉得男子主外，女子治内，似乎是理所当然的事情，但是斯图亚特·穆勒的《妇女论》则倡导要将这一亘古不变的陋习打破。又比如英国经济学家一直都提倡自由贸易，认同这种主张的人会觉得这是全世界通用的法则，然而美国经济学者则主张进行贸易保护，并且创立了本国的经济学说。总而言之，假如某种理论盛行，那么必然会产生另外一种与之相对或相反的学说，众说纷纭，不知真假。相较而言，亚洲人民更容易轻信虚妄之说，受到巫蛊神佛的迷惑。一听到所谓圣贤之言便随声附和，信仰万世仍不敢逾越，与西人相比，其品行的好坏，意志的勇怯，实在不可相提并论。在众说纷纭中寻求真理，有如逆水行舟，船只遭受风浪打击，忽而向右，忽而向左，虽然已经航行了几十海里的路程，然而直线距离却不过前进了三五海里。航海偶尔还会遇到顺风的时候，但在人事方面，却注定不会一帆风顺，如果要让社会进步，让人们获得真理、了解真理，那么就只能通过不同学说之间互相争论来进行了。之所以会产生各种各样的异说，其根本就是怀疑。因此我所讲的怀疑可以获得真理，就是这个道理。

---

① 托马斯·克拉克森（Thomas Clarkson，1760—1846）：英国的奴隶制废除论者。

虽然说我们对于事物不可以轻信，但是如果确系事实，也不能轻易怀疑，就算是产生怀疑，也一定要善于辨认取舍，而学问的主旨就在于明辨此理。日本自解禁以来，人心趋向也忽然发生转变，政治制度出现改革，贵族阶层没落，开始设立学校，创建报纸，铁路、电讯、工业、兵制等各方面的面貌都焕然一新，这都是由于对数千年以来的旧习产生怀疑，试行改革，才取得如此的成效。但是探究日本国人民在思想上之所以会对数千年来的旧习产生怀疑的根源，那么可以说完全是因为海禁开放，在与西方各国有了来往之后，看到他们文明发展的情形，确实认为是先进的，然后努力效仿，这才有了今天的局面。所以怀疑传统并不意味着怀疑自己，只要用相信传统的心态来相信新鲜事物就可以了。从前信心在东方，如今信心转移到西方，如此而已。但是，相信与怀疑之间能否合适地掌握好尺度，是一件非常难以保证的事情。我本人孤陋寡闻，对于这个问题，不能够详细地展开并进行深入的探讨，真是惭愧。但是如果考察时局以及世事变迁的大势、体会人心的趋向，很明显就能发现，现在的人不是流于轻信，就是怀疑过度，无法做到信疑适度。

东方与西方的人民在风俗习惯上各不相同，思想情感也有差距，各国相沿的习惯已历经数千年、数百年，纵然明白利害关系，也不应该一下子强行改变，况且利弊得失还未彻底明了，如欲采用，更加再三进行考虑，历经岁月，彻底了解之后，才可以决定取舍。但是看看日本最近的社会情况，无论是资质在众人之上的改革家，又或者是自诩文明开化的人士，开口便称赞西方文明，真可以说是一呼百应。从知识、道德的教化，到政治、经济以及衣、食、住、行等细枝末节，没有一样不羡慕西方的，都是争着效仿。甚至有些对于西方情况并不完全了解的人，也随波逐流，喜新厌旧，轻信某些事物甚至于到了毫不怀疑的地步！就算是西方文明比日本强了好几倍，它的文明也不见得是没有任何瑕疵的，如果细数其缺点，恐怕也数不过来。我们既不应该认为西方的风俗全都是好的，也不能认为日本的习俗全都是不好的。比如有一青年敬仰某位学者，立志效仿他，心血来潮之下，便置办各式书本文具，日夜伏案苦读，这自然是无可厚非的好事。但是因仿效太过，甚至热衷于与人聊天至深夜、喜欢睡懒觉等陋习也学他，以致危害自身健康，这怎么能说是聪明人的行为呢？这是因为该青年仅看到了学者博学的一面而未察觉其行为的好与坏，盲目效仿以至于惹祸上身。有个成语叫作“东施效颦”，就是说西施这样的美人连皱眉都是美的，但有些人不管自身美丑也全力效仿，这种行为尽管实属好笑，但是尚不至于引来极大斥责。如果由于自己所仰慕的学者有睡懒觉这种懒散的陋习，便也去效仿，岂不是更应该令人耻笑吗？然而时至今日，我国社会上却有许多自诩的开明人士与这个青年算得上半斤对八两。不如将东西方的风俗习惯进行对比，再来看看这些所谓的开明人士做出的评论是否合理。比如西方人每日都会洗澡，日本人每个月也只不过洗一两次澡，于是开明人士就会说，文明人就喜欢洗澡，因为洗澡能够保持皮肤清洁，是非常卫生的，不文明的日本人就不懂这个道理。又比如日本人会把尿瓶放置在卧室里，用来盛放小便，上完厕所之后也没有洗手的习惯，然而西方人就算是在半夜，也会到厕所去小便，且事后必定会洗手。这些评论者又说，文明人都热爱清洁，而不文明的人连什么东西是污秽的都不知道，这就像人们通常不会跟知识不发达的儿童去争辩什么是污秽、什么是清洁的道理是一样的。等到他们真正进入了文明领域以后，最终还是会向西方好的风俗学习。再比如西方人用纸来擤鼻涕，用过之后便将其丢弃，而日本人则多以布代纸，洗过之后还能再用，评论者在得知之后便突然灵机一现，将此种小事附会于经济学方面的大道理，说什么贫困国家的人民当然就知道节俭，倘若所有日本人都如西洋人那样以纸拭鼻，那么就会浪费国家的财产，因此以布代纸，洗过再用，可以说是因为国家贫困而必须采取的节约措施。这类人就算是见到日本妇女耳朵上戴着金耳环，喜欢束腰与讲究衣饰搭配，也会说出一番大道理来，皱着眉头讲：

现在的形势真是太严峻了！愚昧的人民不明白道理，这样做不仅违反自然天理，并且还会对身体造成危害，耳朵上戴着沉重的负担，将妇女非常重要的腹部束得如同蜜蜂的细腰一样，不仅会对妊娠造成妨碍，而且还会增加分娩的困难。小则祸事降临一个家庭，大则会对全国人口的增加造成妨碍。又比如西方人的住宅从里到外都很少上锁，旅行时搬运行李需要雇工，但是尽管没有上锁，也无须担心财物被盗窃；又比如请建筑工人和木工承包建筑工程，就算双方不签订合同，也仍旧能够按期完成，并且诉讼纠纷也极少发生。但是在日本，人们却要把家里的每个房间都关好，甚至连身旁的手提箱也要加锁，即便这样，也还有可能被盗；建筑包工均须签订书面合同，一字一句都要争辩，虽然记在纸上，但是仍旧有许多违约争讼之事。日本人似乎是群盗杂居，根本无法与西方各文明国家自由、正直的风气相提并论，这些人觉得西方国家真的已经达到了路不拾遗、夜不闭户的地步。再比如日本人直接吸卷烟，而西方人则使用烟嘴，他们便说日本人的器械技术十分欠缺，连烟嘴也不能发明。如果是日本人喜欢穿皮鞋，而西方人喜欢穿木屐，他们便会说日本人不了解脚趾的作用有多么大。如果豆酱也变成了从西方进口的，恐怕就不会被日本人如此忽视。豆腐如果能够端到西方人的餐桌上，其身价肯定也会抬高，至于烤鳗鱼串与蒸鸡蛋羹，如果西方人将其称为世界第一美味的话，自然也会获得非常高的评价。其他与之类似的事情实在数不胜数。下面我们再进一步来探讨一些意义更加重大的问题。

如果西方在400多年前也曾出现过亲鸾上人①这样的人物，而日本则出现了马丁·路德这样的宗教改革家。亲鸾上人对流行于西方的佛教进行改革，将净土真宗推广开来，而路德则在日本推广新教，那么评论者必定会评论道：宗教是以普度众生为宗旨，不应该屠杀人民，假如违反了这一宗旨，其余的便一无是处了。诞生自西方的亲鸾上人深刻体会

---

① 亲鸾（1173—1262）：日本净土真宗的开山祖师。

到了这一宗旨，披荆斩棘，历尽种种辛苦，用尽了毕生之力，最终使该国的宗教改革获得成功。时至今日，该国人民有一大半都受到了他的感召和教化，其力量宏大如此。而在上人逝去之后，他的传人在宗教传播方面既不屠杀异教之人，也不被异教之人屠杀，真可谓是专门用德来感化世人。再看看日本的情况却是截然相反，日本的马丁·路德在出世之后，就反对罗马旧教，而旧教徒并没有轻易屈服，以致旧教新教呈现出虎狼相争之势，以至血流成河。马丁·路德逝世之后，为了宗教，他们便开始残害日本人民，将日本的财物挥霍一空，几乎有灭国之祸，这是用文字语言所无法形容的。日本人变得野蛮、杀气腾腾，一个原本以普度众生为宗旨的宗教却酿成了民不聊生的局面；嘴里说要对自己的敌人“兼爱”，却残杀无辜同类。直到今天，我们试看其宗教改革的成果，可以说大多数日本人民并不能因此受到教化。宗教对东西方人民造成的后果差距如此明显，以至于我们产生了很大的怀疑，却一直未能找到其准确的缘由。仔细思索，或许是这样的原因：尽管日本的基督教和西方的佛教在性质上是一样的，但是如果是在野蛮的国家，就会引发残酷的杀戮，如果是在文明的国家，就自然而然能够形成淳朴的风气；或许是由于东方的耶稣教与致力于宗教改革的始祖个人品行有好坏之分。在此，由于我们见识浅薄，不敢妄下结论，所以只能留给后世博学多才之士来解决这个问题了。

但是，当世所谓的改革家，大都对日本旧习持嫌弃态度，而对西方事物则一味迷信，有时候难免表现出过于轻信轻疑，他们用自己对旧物的信心来信赖新事物，但是由于过于羡慕西方文明，以至于到了前面所说的东施效颦的地步，或者是连被钦慕对象的睡懒觉等陋习也照学不误。甚至是在没有找到可信的新事物之前，便将原有的旧物全部丢弃，以至于全身上下一无所有，甚至丧失了安身立命的根本，甚至有人为之发狂，这难道不是一件非常可怜的事情吗（据医学界流传，最近日本患上精神类疾病以及因此而发狂的病人有很多）？本来羡慕西洋文明，择其善者而从之是一个可行的办法，但是如果总是这么不加辨析地去轻信，那么还不如不信。以西方国家富强昌盛的局面为例，这自然是值得钦慕的，但是西方人民贫富两极分化的弊端如此明显，是根本不值得学习的。又比如尽管日本的赋税较为繁重，但是一想起英国人民同样因为地主的摧残而痛苦不堪，却又觉得日本农民的生活情况还是令人欣慰的。再比如西方各国对于女性总是抱着非常尊重的态度，尽管这对全人类而言是一件进步的好事，但是如果对悍妻泼妇欺凌丈夫，不孝之女鄙视自己的父母，部分女子行为放荡等情况，就绝对不值得赞扬。现在盛行于日本的各种各样的事物，到底是不是都是好的呢？比如现在颁布的商业公司法是不是可行，政府的体制是不是合理，教育制度是不是完善，文学界的风气是不是比以前有进步，对于学术进行研究的方法是不是已经达到了完美无缺的地步，仔细想想，真的是各种疑虑一齐涌上心头，很多都要摸索前进。如今我们正处在纷乱混杂的局面之中，因此务必要将东方和西方的事物进行认真仔细的对比，该怀疑的去怀疑，该相信的就相信，取舍有道，才能有所得。就算这并不是一件容易的事，但是我辈学者却应当仁不让，勇敢地承担起这个职责，并以此自勉。我觉得空想不如实干，更要多读各种书籍刊物，多接触不同的事物，将眼界放开，心平气和地去追求真理，然后自然就能够明了什么东西应该相信，什么东西应该怀疑。昨天所信的东西，今天也许就值得怀疑；今天产生的怀疑，明天可能又会消释，所有学者都应以此自勉。

第十六篇 论保持自身的独立

最近社会上流传“独立不羁”这个词语，然而人们对于这个词的含义的理解却又各不相同，所以必须要加以分辨。

独立有两种形式，即有形的与无形的，简单来说：一种是物质上的独立，一种是精神上的独立。它们从字面上就能够看出区别。所谓物质上的独立，就是指世人各有各的财产，各自经营家业，不凭借别人的帮助，就能够将个人与家庭的生活维持得很好。总而言之，即无须在物质方面寻求外力相助。

这种有形的独立很容易就能看得清，而且很容易就能明白，但说到无形的精神方面的独立，则奥义无穷，范围甚广，看上去好像和独立之义无缘的事情也具备这种含义。所以有很多人会对此产生误解。现在就用一件小事举例说明。

民间谚语说：“一杯是人吃酒，三杯是酒吃人。”意思是说人们如果过度饮酒的话，就会迷失自己的本性，并丧失独立自主的能力。如今从世人的种种行为来看，可以让本性受到迷惑的事物，不光有酒，还有许许多多其他的事物。比如有人认为这件衣服不大适合，就想另做一件外衣；然后又想再买一个烟盒来搭配这件衣服；衣服既已备齐，又嫌弃居宅狭小，起居不方便，于是便想方设法去盖一所新房；房屋落成以后不请客的话，似乎又不大得体；吃了煎烧鳗鱼还嫌味道不好，又要再吃一顿西餐；吃了西餐以后又觉得最好再购置一块金表。就这样，心中的欲求无边无际，永远都没有满足的时候。就如同一家之中没有主人，一生之中没有主宰，这种人一味追求物质，被物质主宰，真可以说是物质的奴隶。

更为严重的是，尽管上面所说的那些人受到了物质的支配，但是因为那些物质尚且是他们自身所拥有的，只不过在个人与家庭的范围受到了奴役。有些人却是受到了别人的物品的奴役。比如有人看见别人身上穿着一套高档西装，于是自己也想仿照做一套；看到邻居家盖了一座两层的房子，自己也要盖一座三层的房子；只要看到朋友们有什么好东西，自己就也想购置同样的东西；甚至将别人的创意当作自己计划的草案。又比如黑脸莽汉，手指粗大如茧，却也非要戴金戒指，虽然明明知道不是特别适合，但是一想到这是西方的习俗，就改变了想法，不惜用自己所有的积蓄购置。又比如在炎热的傍晚，其实非常想依照日本的习俗，在沐浴之后穿上浴衣，摇着一面团扇让自己凉快一下，但是因为心里只想着效仿西洋人，不愿意用扇子，因此只能忍耐炎热的天气，以致让自己汗如雨下。这种人一心只想效仿别人的喜好，还不足以斥责，最令人感到好笑的是将别人的喜好当成自己的喜好。比如看到邻居的妻子身穿绸衣与佩戴金簪，于是也沉不住气地赶快去购置，后来经过了解，才知道邻居妻子的衣服实际上是用棉布制作而成，佩戴的首饰也是镀金的，而不是真金。所以支配自身本心的，既不是自己的事物，也不是他人的事物，而是被自己的妄想所诱惑，也可以说是被自己与家庭所有成员的妄想支配，心中的自主意识完全丧失。这和我们所说精神的独立是有非常大的差距的。这种差距可以通过不同的情形推测得知。

这种整天像是在做梦一样的生活，不仅让人身心疲惫不堪，并且就算一年能够收入 1000 元，就算一个月有 100 元的工资，也都会全部花完。一旦遭遇不幸，家产收入来源完全中断，或是工资没有着落，那就只能萎靡不振、愁眉苦脸，这时家中就仅剩下一些没有任何用处的杂物，身上却是沾染了奢华的陋习。与其说这种人是不幸的，不如说这种人是白痴和蠢货。添置家产的目的原本是给自己和家庭的独立生活建立物质的根基，没想到身心已经处于极度疲惫的状态，却由于处理不当，从而成为家产的奴隶，丧失了自己独立的精神，这就是人们所说的本欲得之、反倒失之。我们并不是歌颂吝啬守财之人，只不过是觉得用钱应当有正确的方法，期望人们可以成为金钱的主人而非成为金钱的奴隶，千万不要让独立的精神受到损害。

论思想应当与行动保持一致

议论与实行虽然是完全不同的两件事情，但必须要保持一致，这是一般人经常说的话，然而也仅仅是一种议论，真正能够实行的毕竟是非常少的。所谓理论是指心有所思，发之于言，书之在册。在没有发表言论与著作之前，只能说这是一种想法或理想，因此所谓的议论也可以说是尚未与外界事物建立联系，只存在于自己的内心。但是实行则是指心思在外部体现出来，已经与外界事物建立了联系，并且采取了行动。因此实行必定会受到限制，被环境制约而且不可以随意超越。古人在分辨这两种事物的时候，通常会用言论和行为，或是志向和成绩来形容，如今大多数人则将其简称为言、行。

所以人们常说的“言行龃龉”指的就是议论和实行没有达成一致；孟子所说的“可使食功，不使食志”[①]，就是说应该依据实际的工作予以相对应的东西，然而其内心之所想，既属于无形，就十分难以对其心事做出奖赏。人们经常讲某人的嘴巴非常会说，言外之意就是说他是一个缺少行动之人，并且含有对此人的蔑视嘲讽之意。这便是斥责议论和实行不一致，也就是说议论与实行不能有丝毫的抵触，而且应当相互平衡。现在为了便于让初学的人明白，在此特别使用思想和行动这两个词语，将二者相辅相成才能够有益于世的道理，与二者失去平衡时所产生

---

① 出自《孟子·滕文公下》。

的弊端进行论述。

首先，人的行动有轻重大小的区别。演戏、求学是人类的行动；耕地种田、拉人力车、驾驶轮船、提笔著文也是人类的行动。凡是不愿意做官而只想当学者，不愿意拉车而只想学习航海技术，不想当农夫而只想著书——这些想法都是指人们辨别行动的轻重大小，将轻者、小者舍弃，选择从事重者、大者，这是人间美好的事物。他们之所以能够辨明，全都依靠人的思想与志愿。只有具备了高尚的心志，才可以变成高尚的人物，因此我说人们要有高尚心志，如果不具备高尚的心志，那么就一定不会有高尚的行动。

其次，人的行动无论是难还是易，都是有的功效比较大，有的功效比较小。比如围棋与象棋，下起来并没有那么容易，对这些技艺的钻研与天文、地理、器械、数学等学科的学习并没有什么不同之处，但是其功效的大小却是无法整齐划一的。凡是能够分辨有用与无用，进而选择从事有用工作的人，就是思想清楚的人。因此，如果不先明确思想，人的行动就会劳而无功。

再次，人的行动应当符合规律，一定要认清行动的场合和时间。比如宣传道德自然算得上一件美事，但是在欢宴时突然议论起道德，就只能招人嘲讽。又比如书生的激烈讨论偶尔也十分有趣，但是在亲戚儿女欢聚一堂的时候，听到这样激烈的讨论，那么可以说是非常不合时宜的。凡是可以分辨适当的场合和适当的时间，让行动符合规律，那么就属于头脑明白的人。假如盲目行动而头脑不大明白，那么就好比蒸汽缺乏调节机关，行船缺少舵手，不仅无益，反而有害。

最后，对于以上我所阐述的行动，假如是一个思想不够严谨周密的人来做，势必会产生弊端。这里从相反的一面来说：纵使思想高尚远大，但是假如没有实际行动，那么也是错误的。凡是眼高手低而缺少实际行动的人常常心怀不满。这种人在观察社会局势或是寻找工作的时候，虽然看到有自己可以做的事情，但是不合乎心意，那么也就不愿意去做。他们想要实现自己的志向，但是却不去采取实际行动，尤其是不能承担重任的时候，就觉得罪不在己而在于他人，要么说自己“时运不济”，要么说自己“命途多舛”。似乎天地间没有一件事是值得做的，离群索居、独处一室、内心抑郁、口有怨言、面有怨色，似乎身边的人都与自己敌对，天底下也没有一个人关心他。这种心理状态又像是并没有把钱借给别人，但却害怕人家不还钱的情形一样。环视当今社会，儒家总是担心没有人了解自己，读书人恐怕没有人会帮助自己，出仕之人总发愁没有进身之阶，商人总害怕生意做不好，士族在废藩之后开始担心没有营生之路，从来没有工作经验的贵族担心别人不再尊重自己，一天到晚忧心忡忡、郁郁寡欢，总觉得当今社会上令人不满意的事情非常多。这种心情，在平时我们与人交往的时候，通过察言观色就可以了解到不少信息。在这个世界上，可以与之谈笑风生，神态开朗，胸襟欢愉，溢于言表的人已经很少见了。我们经常看到人们的烦恼神色，但愉快的神色却很少见，从其外表看来，似乎有什么不幸的事情发生，需要别人来安慰，大有令人同情的姿态。我觉得如果这些人能够脚踏实地，各自做好自己分内的工作，那么应该可以获得愉悦的空间，事业也会日渐发展，思想行动也应该能够逐渐达到平衡一致。但是如果好高骛远，行动远远没有达到思想的高度，用一当十，得十求百，结果却是求而不得，徒增忧愁。就如同祈求用石头雕刻的地藏王菩萨真的能够显灵，中风的病人神经敏感度能够增加一样，其内心的不满与不如意由此可以想象出来。

凡是志向过于高远，而在实际行动方面又有所欠缺的人，早晚都会受到别人的嫌弃并陷于孤立的状态。用自身的行动与他人的行动来对比，原本是应该感到惭愧的，但却偏偏用自己的志向和理想去考评他人的行动，却因此而对那人感到大为不满，从而自然而然地产生一种轻视他人的想法。要知道，轻视他人的同时，也难免会被他人轻视。彼此抱怨、不满，互相轻视，最终难免会让人视为怪物，受到全社会的轻蔑。

试看当今社会情形，有的是由于狂妄自大而被人嫌恶，有的是由于好高骛远而被人嫌恶，有的是由于求人过多而被人嫌恶，有的是由于诬蔑他人而被人嫌恶。这都是由于对人的评判不恰当，也就是只用自身的志向作为评判的标准，对比之下，依靠想象来衡量他人的行为，因此招致了别人极大的嫌恶，结果导致自己陷入了孤立的境地。因此我要奉劝那些后学青年，假如对别人的工作不满意，最好先想一想自己做起来会如何。比如看到他人经商笨拙，那么就想一想自己经商会如何。又比如觉得邻居不善于持家，那么就想一想自己经营家计会如何。再比如想要批评他人的著作时，那么就想一想自己执笔来写会如何。如果批判学者，批判医生，都要想一想如果自己当了学者、医生会如何。总之，不论事情大小，假如想批判他人的行为，首先应该设身处地认真想一想。对于不同的工作，就更应该思考其行动的难易和轻重。对于不相同的事情，也应该依照实际状况，将自己与他人的行动进行对比，这样才不会出现偏差。

第十七篇
论人望

如果一个人的言行总是受到千百人的监察，还能被评价为“这人的确值得信赖，托付给他的事情，必定不会出错，交代他来完成的任务，一定可以如期圆满做完”。能够评价某人的人品值得信赖，甚至成为受到全社会普遍期望的人，就可以称其是有人望之人。

每一个人在社会上所建立并形成的人望，有的大，有的小，有的轻，有的重。假如不能够获取人们的信任，那么就无法发挥出应有的作用。这里先从小的方面讲起。比如让一个当学徒的孩子拿着一毛钱去购买指定的物品，那么他就只拥有一毛钱的人望，换句话说，他是一个可以在一毛钱上获得信任的人。假如交给一个人的钱从 1 毛变成了 1 元，又从 1 元变成了 1000 元、1 万元，甚至是可以掌握几百万元资金使用的银行经理，或者是一府一省的执政官员——他们不只是有权处置大批的钱财，还担负着做出决策，让人民获利并过上富有生活的重任，那么必须是人望极高之人，才能够担当这样的大任。没有获取人们信任之人，就很难胜任这样的工作。一个人无法获取别人的信任，便会令人对他产生某种程度的质疑，一旦质疑出现，就将永无止境。结果设立监督，任命监察人员，由他们进行缜密的监视，但是这样做反而会对双方的情感造成伤害。这样的实例是非常多的。比如人们都信任三井、大丸①

① 三井、大丸：当时日本有名的百货商店。

这些商店，认为它们的商品是真材实料、物优价廉，于是便盲目购买；又觉得马琴[①]的书肯定非常有趣，因此往往只看了标题，就大批量预定购买。所以三井、大丸的生意越来越兴隆，马琴的书越来越畅销。在经商与写作方面尚且这样，获取人望的重要性便可想而知了。

让拥有百斤之力的人去扛百斤的重物，将价值千金的财物借给拥有千金财产的人，这是根据实力来做事，与无形的人望和信誉并没有什么关系。然而世上的人事，通常都不是这么简单的，有的人没有百斤之力，却可以撼动千斤之重；又有人尽管没有千金的财富，却可以使用数十万元之巨款。现在假如突然到某著名富商的账房去追查他的出入账目，或许可以发现收支相差至几百几千元之多，且这个数字可能远远超过了富商所有的财产。此时他的亏损多达几百几千，都不如一个一无所有的乞丐。然而社会中的人，并不会将他看成乞丐。这是由于这个商人还拥有人望，由此可见，人们在社会上的人望既不是由力量的大小决定的，也不是由金钱的多少来取得的，而是凭借他的聪慧才智以及别人对他的信任，日积月累而得来的。

所以，人望归于智德领域，应该是可以确定的了。然而古往今来，社会上的事实，却并不都是如此，而且有许多正好完全相反的例子。比如庸医为了提升自己的名誉，而将其门面大肆装饰；药商为了推广药材而将金字招牌挂上；矿山主人在账房里装上空无一物的金柜；学者将长年不阅读的原文书籍排列在书架上；还有的人坐在人力车上翻着报纸，而到家之后却大睡懒觉；又有的人星期日在教堂里礼拜祷告，第二天却和妻子大肆争辩。在纷繁复杂的社会中，真假难辨，善恶混淆，是非的确不易觉察。甚至于有些人表面上似乎深孚众望，而实际上却是无知无德、恬不知耻的人。所以具有远大见识之人，屡屡视荣耀为浮世之虚

① 马琴，即泷泽马琴（1767—1848），日本德川末期的小说家。代表作：《南总里见八犬传》《椿说弓张月》《三七全传南柯梦》等。

名，不屑于去谋求，甚至避之唯恐不及，实在不是没有道理的。其用心倒也是值得被称赞的。然而世间任何事物，假如都只从极端的角度来看，就难免会产生偏差。

综上所述，所谓有见识之人不求世间荣耀一事，好像大可称赞。但是在判断求和不求以前，首先必须要辨别所求荣耀的性质。如果所求真是极端的虚名，比如庸医的门面与药商的金字招牌，自然应该远避。但是从另一方面来讲，社会中人事万端，也不一定全部属于虚假，这是由于人们的智德，好似开花的树，荣耀和人望好似花朵，栽树并使其开花是必然的结果，又为何要远避？如果不辨明荣耀的性质，一律不管不顾，那么无异于毁花而隐树了。隐树就不能够将其功能发挥，就恰如死藏活物，是于事无补的。

由此我们可以知道，人们不但应该心存追求人望和荣耀的理想，而且还应该通过实际行动去努力争取，要紧的只是获得的手段和方法要正当、合适。用身心的活动去努力争夺社会上的人望，犹如给人用斗量米一样，量法高明者，或许一斗能够量出一斗三合；不高明者或许只能量出九升七合。我们所说的正当、合适，就是不多不少，正正好好一斗。以斗量米的方法，尽管有巧拙之异，但是所产生的偏差，上下不过二三分，如果用相同的方法来衡量才德的功效，其偏差必然不会止于三分。高明的或许多量出二三倍，不高明的将会少量一半，此种不规则的衡量，对社会损害非常大，实属可憎，这里暂时搁置不论，只是单纯针对从严格衡量才德的实际功效的人提出一点建议。

孔子说："不患人之不己知，患不知人也。"[①] 这是孔子为了矫正当时社会的弊端所发出的感慨，不料后世那些没有志气的腐儒竟然机械地理解这句话并且死记于心中，不知道灵活应用，结果致使社会弊病日益增多，最终一个个变成了无言无情的怪人和不懂忧乐的木偶，而世人反

① 出自《论语·学而》。

而将其尊为高尚温婉的君子，岂不是天下之奇谈？如果我们如今想要将恶习改正，从而进入开朗生动的境地，多接触各种各样的事物，广泛从事交游活动，知己知彼，并尽可能地将自己的才能发挥出来，为自身、为社会、为人类造福，那么就必须具备以下条件：

首先，一定要学习语言。文字原本是记事达意的一种工具，尤其对于著述通信而言就显得更为重要。但是如果要与人交往并直接表明自己的想法，就必须使用语言不可，因此言辞一定要流利隽永。近来社会上有许多演说，我们能够听到有益的事情，实属有利，如果语言通俗流利，那么演说者与听众彼此都会感到非常方便；但是如果词不达意，词汇匮乏，听众就会感觉听不惯。比如老师在课堂授课，看到从外文翻译的讲义中有“圆的水晶球”这个词语，老师本人觉得意甚显明，没有必要多加解释，只是非常严肃地望着学生，频频地说出“圆的水晶球”，然而学生仍然不甚理解。假如是词汇丰富且善于辞令的老师，就会这样来解释说明：圆是表面没有棱角的，就像我们经常吃的丸子一样；水晶是从矿山中挖掘出来的，犹如玻璃一样是透明的，甲州[①]等地就出产很多水晶。使用这样的水晶加工打磨而成的圆球，就叫作“圆的水晶球”。如此说明，即便是妇人孺子，也可以充分了解。不能够流畅地应用语言，是不愿意探究演说技术所导致的过错。有一些学生讲“日本语十分不便利，不可以写文章与发表演说，因此，可以讲英语，使用英文”，这真是没有任何价值的混账话。或许这个学生是生于日本，但还没有充分掌握日本语的人。随着本国事物的发展，一国的语言也会随之逐渐丰富起来，所以国人绝对没有无法流畅应用的道理。其他暂且不论，如今的日本人一定要努力掌握现代日本语言，从而提高言谈的水平。

其次，神色一定要随和明快，不要让人望而生厌。曲意逢迎，花言

---

① 甲州即甲斐，首府称甲府，属山梨县。

巧语、阿谀谄媚，自然属于可鄙，然而终日愁颜不展，如坐愁城，悲痛欲绝的人也同样令人生厌。一定要清楚：神色的活泼轻快，是一个人品德高尚的条件之一。在处世待物上尤为重要。人们的容颜，犹如家宅的门户，要广交好客，起初要将门户打开，洒扫门庭，让人愿意前来。然而现在有些人在与人交往的时候，不仅没有和蔼可亲，反而效仿伪君子的样子，态度枯涩，这就相当于把骷髅挂在自家房檐下面，将棺材摆在自家门口一样，如此的话，又有谁会过来和你友好接近呢？现在世界上都称颂法国是文明的源泉与传播知识的中心，这是由于法国人民举止活泼愉快，言语平和、神色和悦，并且已经形成了风气的原因。

可能有的人会这样讲，“言语神色都是人的天性，不可以强求，即使要谈论也谈论不下去，纯粹属于劳而无功。”这句话似乎是正确的，但是如果从人的智力发育角度来说，即可以清楚这样的看法是不恰当的。大凡人的想法活动，只要进行思索就不可能停止不前，这和人只要活动自己的四肢就能够起到强健筋骨的作用没什么不同。言语容貌既然是人们内心与外在的表现，如果常常放置而不去使用，又怎么能够慢慢发展成为上乘品质的人物？然而自古以来日本国内的习惯，对于如此重要的身心活动向来不注意，这是十分错误的。因此我们期望今后，即使不一定将言语神色说成是一种学问，但是也应当将这项身心活动作为品德的条件之一，不可等闲视之，而是必须要时常加以注意。

又有人讲，和蔼可亲的神色是用来修饰外表的，假如将修饰外表作为人和人交际的要道，那么就不可以仅仅限于容颜脸色，比如他的衣服饮食也应当加以讲究；如果用与身份不相符合的饮食去招待意气不相投的人，那么就会出现用虚伪的态度待人接物的问题。这句话说得好像也有道理，只不过虚伪是交往的弊端，到底不是交往的本质。事物的弊端大多和它本质正好相反，所谓“过犹不及”，就是对弊端与其本质相反的精准概括。比如吃东西的目的原本在于使身体获得营养，但是吃得过多反而对身体有害，营养是吃东西的实质，吃得太多则为弊端。这就能够说明弊端与本质相反。总之和人交往一定要出自和睦真诚。假如流于虚伪，那么就不是交往的本质，反而成为交往的弊端了。

大凡世间亲密关系，莫过于父子夫妇，我们将其称为天下的至亲。然而保持这种至亲关系的力量，除真诚和睦之外别无他物。因此一定要把表面的虚伪清除干净。虚伪清除干净之后才可以看到至亲的所在。要让社会交往的关系和睦，也重在真诚，是不可能与虚伪相容的。当然，我们现在并没有期望普通人之间都可以建立和父子夫妇一样的密切关系，不过是将人们应该遵循的方向指出来罢了。现在一般对人的通常评语，比如某人痛快，某人焦躁，某人太不谦虚，某人淡泊，某人很有男子气概，某人虽然言多但是不失为好人，某人虽然好闹但是不是坏人，某人虽然沉默寡言但是甚为亲切，或某人虽然外貌恐怖但是个有口无心之人，等等，这些正好都能够说明家人之间的关系，真可以算得上是真诚和睦了。

最后一个问题，世人经常错误地理解“道不同不相为谋”这句话，认为学者就是学者，医生就是医生，只要职业不相同就互不来往，虽然有同窗的情谊，可是一旦离开校园之后，有的成为商人，有的成为官员，便产生了隔阂，如同春秋时期的吴、越两国，或是相忘于江湖，老死不相往来。事实上，人们结交朋友，不仅不应该将旧友疏远，反而还要兼求新交。这是由于如果人们不互相来往，即不能够相互通气的话，也就不能了解对方的为人。试想世间的君子，只是相逢于陌路，又怎能变成一生的知己？与 10 人交往，或许无意可得一知己，但与 20 人交往，则不一定能够得到两位知己。人们要想双方相互认识，都必须从交往开始。人望和荣誉可以暂且不论，环视现在社会上通常所谓的知音挚友，多数都是为了双方眼前的利益。早年同船渡河之人，今日恰巧在银座[①]的街头相遇，或许可以互相为对方提供便利；今年经常来我家送菜的菜贩，明年可能会在遥远的旅途中相遇，需要靠他帮忙来照顾我的病

① 银座：日本东京的一条繁华街道。

体。人类虽多，毕竟不是牛鬼蛇神，更不是伤害我的恶敌，实在应该无所顾忌地真诚相见，大方对待。因此广泛交友之道，取决于尽可能多地开动脑筋，在多才多艺、全面而无偏私的原则下进行。或用学问接近，或通过买卖往来，或成为书画知己，或成为下棋的对手，只要不是轻浮冶游的坏事，结交朋友的机会和方法就有很多。哪怕是缺乏才艺之人，也能够与他们一起喝茶吃饭来成为朋友。再等而下之，和身强力壮之人掰腕角力，玩木枕游戏①，也能够尽欢助兴，有助于交往。纵使掰腕和学问是“道不同不相为谋”，然而以世界土地之广阔，人类交往之繁多，又怎能与井底之蛙同日而语？生而为人，却不愿与人为伍，难道不是一件很奇怪的事吗？

① 木枕游戏：两个人分别用各自的手指头抓住一个木枕的两端，互相争夺木枕的游戏。

·《文明论概略》部分章节·

确定议论的标准

轻与重、长与短、是与非、善与恶……全部都是由意思相对的字所组成的。没有轻，就没有重，没有善，就没有恶。所以，人们所谓的轻就是比重的东西要轻，所谓的善就是比恶的东西要好，假如没有相互比较，那么就无须讨论是与非、善与恶等问题了。通过如此相互比较后所确定的是非善恶，就被称为谈论的标准。日本俗语中有“腹重于背”与“舍小济大”的说法。意思就是：在对人的身体进行评判时，认为腹部比背部重要，所以宁可让背部受伤，也要把腹部的安全保护好；又比如对待动物的时候，仙鹤既比泥鳅大，又比泥鳅贵，是以不妨使用泥鳅去喂养仙鹤。日本把封建时代不劳而获的诸侯藩臣制度废掉，更改为如今这样，从表面上好像是将有产者打倒并让其陷入困境，但是假如用日本国家与各藩来进行比较的话，自然是日本以国家为重以各藩为轻。废藩就好比是为了顾全腹部从而将背部牺牲掉一样，而诸侯藩臣的俸禄被剥夺就好比是杀鳅养鹤一样。研究事物，一定要把其枝节去掉，追根溯源以求其基本标准。如此，就可以逐步克服各种纷繁复杂的因素，从而树立正确的标准。自从万有引力定律被牛顿发现，并且确立了万物守恒定律以来，在说明世界万物的运动之理时，没有不将这一学说当作根据的。定律也可叫作理论的标准。假如在探究运动道理的时候没有这一定律，就只能各执一词、莫衷一是了。或者还可能有人会根据船的运动创立一套和船有关的理论定律，也可能根据车的运动又创立一套和车有关的理论标准，如此只能让理论变得更加的纷繁复杂，然而并不能获得基本的统一，不能统一也就谈不上什么正确。

如果不能明确议论的标准，那么就不能推断利害得失。比如城堡，固然是对守卫者有利而对攻击者有害，敌方之得即是我方之失，往者的方便便是来者的阻碍。因此在探论利害得失以前，首先一定要明确一个立场，是作为守卫者，还是作为攻击者？是作为敌方，还是作为己方？无论作为哪一方都一定要明确自己的基本立场。古往今来，议论纷纭莫衷一是，最根本的原因就是因为最开始的时候未建立共同标准，而到了后来又强求意见一致所导致的。比如神佛之说，就经常出现不一致的地方。双方的观点听起来好像各自都非常有道理，但假如深究其根源的话，神道说的是这一世的吉凶，而佛法说的是下一世的祸福，由于议论标准不相同，这两种理论也就不可能一致。汉学家与皇学家之间也存在着争论，他们的争论尽管纷繁复杂，但是其根本的区别在于：汉学家赞同汤武革命，而皇学家则赞成万世一系；因此让汉学家感到为难的也仅仅就是这一个问题。对于事物，假如本末倒置地争辩下去，那么神、儒、佛三者的不同观点，就永远不可能一致，好比在武备上执着于争辩弓箭刀枪的好坏一样。所以，要想避免如此无趣的争辩并达到协调统一的话，就只有一种办法，那就是用一种比他们更加高明、更加新颖的主张，让他们自行去判定好坏与否。比如弓箭刀枪的争辩尽管曾鼎沸一时，但是自从使用洋枪以来，社会上就再也没有讨论弓箭刀枪的人了。假如仅仅听双方各执一词，神官[①]就会讲，神道中也有葬祭的方法，所以说的也是将来；僧人会讲，法华宗等也存在加持祈祷等仪式，因此佛法也可以干预现世吉凶。如此，这种议论就会重新变得纠缠不清。这绝对是因为神、佛两教相互之间混淆已久，僧人想要模仿神官，神官想要

① 神官：日本对本国神话人物、天皇祖先以及对国家有贡献的人，都尊奉为神，并为他们建立神社，负责神社祭祀的人被称为神官。

干涉僧人的职分所造成的。

再看坚持不同议论标准的人，他们倡导的东西在细枝末节上似乎有相同之处，但是只要追溯其根由，通常在中间就会发现差异，从而导致结论也不一样。因此，在人们论及事物的利害关系时，最初听起来，觉得某一事物是利是害的观点，似乎并没有什么不同，但是如果进一步追问其所以然，是什么原因导致认为有利或有害时，会发现他们的看法在说到一半的时候就产生了差异，那么其最终结论也就不能获得统一。比如，顽固分子对西洋人心存厌恶，而在稍有见识的学者之中，也有很多人对西洋人的言行举止感到不满，二者在厌恶西洋人的心情上可以说是相同的。但一谈到厌恶的原因时，顽固分子和学者便会产生分歧，前者觉得西洋人是异种，就不问是非利害，仅仅是一味地厌恶；而后者则见多识广，并不只是简单地厌恶，而是思考西洋人与日本人在相互来往时所发生过的恶劣情况，因而憎恶那些自称为文明人的西洋人对日本人的不公平待遇。尽管两者厌恶西洋人的心情相同，但是厌恶的理由却各不相同，因此在看待西洋人的方式上也就不可能统一。攘夷论者和“开国论者”① 在细节上的看法相同，然而中途分歧与根本出发点不相同的缘故就在于此。人们对所有事物，甚至于游嬉宴乐，通常在表面上都是一样的，而其爱好却各不相同。因此，不应该只是从表面上观察一时的行为，从而一下就认定这个人的思想。

此外还有另外一种情况，在探讨事物利害得失的关系时，双方都走向了极端，从谈论的最初双方就产生明显的分歧，从而不能相互统一。比如，只要一听到有人议论公民权利平等的新学说时，守旧者马上就觉得这是共和政治论，因而提出：假如在日本提倡共和政治论，那么，我们的国体要怎么办，甚至还认为这会招来不可预测的大祸，并且会为其终日惶恐不安，犹如国家将要陷于无君无政的大乱之中一样。这种人从

① 开国论者：即日本当时主张与外国进行交流往来的人，他们反对闭关政策。

一开始讨论就考虑到了遥远的将来，既不会去探究权利平等是何物，也不去探索其目的之所在，仅仅是一味地反对而已。革新论者则在最初就将守旧者作为敌人，毫无理由地排斥旧说，形成了敌对之势，所以见解无法趋于统一。这是因为彼此各走极端，因此才形成了无法调和的形势。举一个浅显的比喻，有好酒与不好酒的[①]两个人，好酒的人不喜欢吃年糕，不好酒的人也不喜欢喝酒。他们各自谈论年糕与酒的害处，主张废除自己所讨厌的东西。不好酒的人反驳好酒的人说："假如年糕有害，那么是否可以打破我国几百年以来的习惯，在元旦那天只吃茶泡饭，全国所有的年糕铺都禁止营业，日本也不再播种糯米了呢？这肯定是行不通的。"好酒的人也驳斥说："假如说酒有害，那么，是否可以从明天开始就关闭全国所有的酒馆，严惩那些酗酒的人，再用甜米酒替换药用酒精，并且举行婚礼的时候用水杯[②]来代替饮酒呢？这显然也是行不通的。"如此各执一词，双方势必会产生冲突，从而导致不能相互趋近，因此终究会让人与人之间产生纠纷，从而给社会造成大的危害。古今各国这样的例子比比皆是。这种纠纷假如在读书人之间发生，就将引起舌战、笔争，通过著书立说的方法辩论不止。假如是不学无术的文盲，他们不能以舌、笔为武器，便会诉诸筋膂之力，而且非常有可能做出暗杀的勾当。

再看社会上双方争论辩论时，通常仅仅是相互之间极力攻击彼此的缺点，并且不愿意露出各自的真面目。所谓的缺点，就是指与事物好的或者是有利的一面正好相对的——坏的或者是不利的一面。例如，乡村的农民，尽管耿直，但同时又很顽劣；城市的居民，尽管聪颖，但同时又轻浮。耿直与聪颖尽管都是人的美德，然而也通常附带着顽劣与轻浮

---

① 不好酒的：此处日语原文为"下户"，下户指不能喝酒的人，他们通常喜欢吃年糕等甜食。

② 水杯：日本一种民间习俗，如果两人处在生离死别等情况时，就会用水来代替酒，双方举杯互饮。

这种不好的方面。农民与市民之间的争辩由此产生：农民视市民为轻浮；市民骂农民为顽劣。这种针锋相对的情况，犹如各把一只眼睛闭上，不去看对方的优点，仅去看对方的缺点。假如可以让他们把双眼睁开，用其中一只眼睛观察对方的长处，再用另外一只眼睛观察对方的短处的话，那么就可以长短相抵，彼此的争辩也就能够得以解决。或者发现对方的短处完全被其长处所遮掩，那么不仅能够避免争辩，而且可以使双方变得友好，相互获益。社会上的学者也是这样。比如现在日本议论界也分为保守与改革两个派系。改革派精明且积极进取，保守派稳重而因循守旧。陷于顽固是守旧者的缺点，而流于轻率则是进取者的弊端。然而，稳重不一定全部陷于顽固，精明也不一定全部流于轻率。试看世上的人们，有能喝酒且不醉的，有能吃年糕且不伤胃的，可见酒与年糕不一定是醉人也伤胃的缘由。是否醉酒或者伤胃，仅在于是否可以节制。既然这样，保守派就没有必要厌恶改革派，改革派也没有必要轻视保守派。假设这里有四种人：甲稳重，乙顽固，丙精明，丁轻率；假如甲遇到丁，乙遇到丙，那么必定会相互敌对且互相看不上；但是如果甲遇到丙，那么将会志同道合而且十分相亲。假如彼此在情感上可以和睦，那么彼此就能展现出真实面目，从而就能逐步去除彼此敌对的情绪。在以前的封建时代，诸侯的家臣，有住在江户藩邸与住在诸侯封地这两种①，两者之间在言论上经常产生分歧，虽然同属藩臣，但是俨然就像仇敌，这也是无法展现人的真实面目的一个例子。随着人类知识的进步，这些缺点固然能够自然慢慢去除，然而最有效的方法，莫过于人和人之间的接触。这种接触可以是商业交易或学术研究，也可以是交游宴饮，甚至可以是公务往来、诉讼争斗等方式。但凡有利于人和人的相

① 德川幕府时期，为了便于对日本全国进行统治，同时也防止分封在各地的诸侯叛乱，从德川家康开始，制定了参觐制度，即全国各地诸侯每隔三年就会到幕府所在地江户即今天的东京居住一段时间，因此诸侯会在江户修建藩邸来居住，其他时间则在自己的封地居住。

互接触，或是有机会将心中所想用实际行动或言语表现出来，都可以使彼此之间情感和睦，这就是所谓把双眼睁开，去看对方的长处。有识之士之所以十分重视人民议会、社团讲演、交通便利、出版自由等，就是由于它能够帮助人民去互相接触。

一切与事物有关的争论都会反映出人们的意见，这当然也无法完全统一。见识高的，争论就会高；见识浅陋的，争论就会浅陋。见识浅陋的人，还没达到争论的出发点就想反驳对方的观点，这就会造成两种观点南辕北辙的现象。比如，在讨论同外国来往的利害关系时，甲主张打开国门，乙同样也主张打开国门，乍看上去甲乙的看法好像一致，但是随着甲的理论逐步深入发展，乙就会逐步觉得不能够接受，因此彼此就会产生争执。这是由于像乙这类人，即所谓社会上的普通人，仅仅能够提出普通的论调，其观点亦极其浅陋，不能明确争论的根本出发点，骤然听到了高深的言论，反而会迷失了方向。社会上这种事例触目皆是。这就好比胃病患者去吸收营养一样，不仅不能消化，反而还加重了病情。乍看起来，高深的争论对于社会而言好像是有害而无益的，实际不然，假如没有高深的争论，就不能指引后进者达到高深的地步。假如怕胃弱而把营养废除，那么只会导致患者的死亡。由于这种认识的错误，古今各国，不知到底发生了多少悲剧。无论在什么样的国家，什么样的时代，社会上分别处于下愚、上智两种状态的人都非常少，大多数的人都是介于智愚之间，随波逐流，碌碌无为，人云亦云以终其一生。这类人就叫作普通人。所谓舆论就是从他们之中产生的。这类人仅仅可以反映当时的状况，他们既不能回顾过去且有所驳斥，也不能对将来抱有远见，似乎永远停滞不前。然而，现在竟然有人因为这类人在社会中占大多数，就说众口难调，因此便根据他们的观点，将社会上的争论画成了一条线。假如有人略微超出这条线，那么就会被认为是异端邪说。必须将他打回这条线以内，让社会上的争论变得一致，这到底是什么用意呢？如果真的如此，那些智者对国家还可以起到怎样的作用呢？

将要凭借谁来预见将来并为文明开辟道路呢？这难免太没头脑了。从古至今所有文明的进步，最初没有一个人不是从所谓的异端邪说开始的。亚当·斯密当初讲解经济学时，世人不是也曾经将其视为异端邪说，并不断反驳吗？伽利略提出地球运动学说的时候，不是也被称作异端邪说并因此获罪的吗？异端邪说的争辩日复一日、年复一年地持续下去，社会上一般群众又似乎是受到了智者的督促，悄无声息地接受了他们的看法，到了如今这样的文明时代，即便是小学生也不会觉得经济学与地动说有任何的奇怪之处。不仅不感觉奇怪，而且如果有人怀疑这些定律，那么就会被当成愚人且为人所不齿。再举一个最近的例子，仅是在十年之前，三百诸侯曾经分别设立政府，并确定了君臣上下的名分，掌握着生杀予夺的大权，其政权之巩固，大有可以传之子孙万代之势。但是转眼之间便分崩离析，最后成为当今这种局面。时至今日，社会上自然没有人觉得这是什么奇怪的事情，然而，如果是在十年之前，藩臣中有人主张废藩置县，藩府该如何对待他呢？不夸张地说，他将马上遭到迫害。因此说，曾经所谓的异端邪说已变成如今的通论，昨日的怪论已成为如今的常谈。那么，今时的异端邪说，必将变成日后的通论常谈。学者没必要顾忌舆论的喧嚣与被指责为异端邪说，尽可鼓足勇气直抒己见。也许别人的观点同自己的看法有所不同，但是应该认真钻研其理论，能够采纳的就采纳，不能够采纳的就暂时搁置一边，以待彼此观点趋于统一的一天，这也就是议论标准统一的那一天。千万不要试图将别人的观点硬拉到自己的观点范围之内进而平息社会上的争论。

根据以上情况，在对某件事物的利害得失进行分析时，一定要先探究利害得失之间的关系，明白其是非轻重。论说利害得失比较简单，而辨认轻重是非却是非常困难的。不应该根据一己的利害来判断天下事的是非，也不应该由于眼前的利害而耽搁长远的大计。一定要博闻古今的学说，广泛清楚世界大事，心平气和地认清真理，排除千难万险，打破舆论的约束，站在超然的位置回顾以往，放大眼光展望未来。我自然不想明确议论的标准，阐明达到这个标准的办法，让每一个人都认同我的观点，然而我愿意向国人提出一个问题：在当今这个时代，究竟是应当前进，还是应当后退呢？是进而追求文明，抑或是退而回到野蛮呢？问题仅在“进退”二字之上。假如国人有前进的愿望，那么我的议论可能会有可取之处，至于谈论实际怎样实行的办法，则不是本书的目的，这一点唯有留待大家探究。

论一国人民的智德

前面我曾经说过，文明是人类智德不断进步的结果。那么，假如现在有一个智德双全的人，是否可以将他称为文明人呢？当然是可以的。不过，他所生活的国家是否也可以被称为文明国家呢？那就不好说了。文明无法从个人的角度来下定论，而应该从国家的整体情况去考察。如今虽然将西洋各国称为文明国家，将亚洲各国称为半开化国家，但如果只通过两三个人来进行评论的话，那么在西洋也有人是守旧和愚钝的，在亚洲也不是没有智德兼备的英雄俊杰之士。但是，之所以说西洋已经进入文明社会，而亚洲仍然处于半开化状态，就是由于在西洋，愚蠢的人不能展现他的愚蠢，亚洲的英雄俊杰之士也没有发挥其智德的用武之地。为什么不能展现和发挥呢？这并不是因为个人的智愚，而是因为整个国家的风气使然。因此，要想了解一个国家的文明，就一定先去考察该国家的风气如何。同时，这种风气，也是整个国家人民智德的反映。这种反映，既有进和退，也有增和减，一进一退，一增一减，变化无常，正好像整个国家的机能动力一样。因此一旦发现这种风气的所在，那么全国所有的事务无不了然；至于考察与分析其中的利弊得失，则比反掌观纹还要简单。

如此，这种风气，就并非一个人的风气，而是全国的风气，因此如果从一件事情上进行考察的话，就无法见到、听到，就算是有所见、有所闻，也肯定会参差不齐，依然无法用来评论判断事情的真相如何。比如，要对一个国家的山泽进行测量，必定要对分布在全国的山泽面积进行测量，得出总和，之后才能将其称为山国，或是将其称为泽国。不能由于这个国家只有很少的大山大泽，便将其称为山国或是泽国。因此，假如要考察全国人民的风气，进而再对其智德情况进行探讨的话，就一定要针对这个国家表现在社会上的所有活动情况展开研究。这样的智德，或是也无须将其称为人的智德，而将其称为国家的智德。之所以这样说，是因为这是针对全体国民的智德的总量来说的。既然已经知道了它的总量，那么便不难掌握它的进退增减情况，也不难明确它的前进与发展方向。智德的发展，就像大风与河流一样。大风自北往南吹，河水自西往东流，假如从高处远眺，其速度的缓急和前进的方向，一眼就可以看明白。但如果退到室内，就如同无风一样；站在堤边看，水似乎像不流动一样，倘若遇到什么障碍物，水流便会完全改变前进的方向，甚至成为逆流。可是这样的逆流是由于遇到了障碍物才形成的，那么，如果只对局部的逆流进行观察，是很难判断河流前进方向的。因此，要想对事物进行准确的观察，站位就必须要高，视野必须要广。比如，经济论中有一种观点认为："致富的根基在于三个条件：诚信、勤奋和节俭。"如今倘若将西洋商人和日本商人的经营活动情况进行对比的话，那么日本商人不一定就是不诚实的，也不一定就是懒惰的，至于节俭朴素的习惯，西洋商人就更比不上了。但是，从国家层面在商业上的贫富情况来比较的话，日本却是远远比不上西洋各国的。

一个人的思想，具有变化无常、早晚不同的特点。今天的君子明天或许就会变成一个小人，今年的敌人到了明年或许就变成了朋友。变化越来越令人感到奇怪，似乎是幻象，似乎又是魔法，人们在感到不可思议的同时，也无法进行揣测。所以古人说"他人之心不可忖度"，的确是一句良言。即便是父子和夫妻之间，也不可互相揣测对方内心的变化和想法。不仅父子、夫妻，就算是自己也无法控制自己思想和内心的变化。所以才有了"今天的我不是昨天的我"这种说法。类似的情形正像晴天和雨天无法预知一样。比如在日本的古代，有个人名叫木下藤吉，他偷了主人的六两黄金之后畏罪潜逃，以这六两黄金作为资本，滕吉成为织田信长的部下，日后他的地位慢慢变得尊贵，由于钦慕丹羽柴田的为人，于是他又改名为羽柴秀吉，成为织田信长手下的一名队长。日后他又遭遇了数不清的变故，时而失败时而成功，但他审时度势、随机应变，最终让日本全国都得到了统一，并且以丰臣太阁的名义，掌控了整个国家的政权。直到今天，人们一提起他，无不对他的丰功伟绩进行称赞。可是，在藤吉盗取那六两黄金之后潜逃的途中，他又怎会产生统一日本全国的远大理想呢？更何况他在成为织田的手下以后，也只是由于钦慕丹羽柴田的为人而改了自己的名字。由此可见，当时他的志向是多么的渺小。因此，从他盗窃主人黄金这个盗贼的身份来说，没有遭到逮捕已经是非常幸运的事了。而他后来又做了织田信长手下的队长，这对木下藤吉这个人而言，已经是天大的喜事了。再后来，经过数年的浮沉成败，他最终成为统一日本全国的那个人，这对于已经改名为羽柴秀吉的他来说，仍然属于一种非常意外和欣喜的幸事。如今他已经贵为太阁，倘若回顾以前偷窃六两黄金的事情以及他的平生功业，其中没有一件不是在偶然的情况下才获得成功的，这必定会令人产生一种如梦幻泡影的心境。后来，学者们在对丰臣太阁进行评论时，总是会引用他当了太阁之后的言语和行动，以此来对他的一生进行论证，因此很容易令人产生很大的误解。藤吉也好，羽柴也好，丰臣太阁也罢，这些都只是他人生中的某个阶段罢了。在做藤吉的时候，他的思想就是藤吉的；在做羽柴的时候，他就会有羽柴的思想；等到他当了太阁，自然又会产生太阁的想法。从他的思想动态来看，可以分成早、中、晚三个节点，每个节点都不尽相同。倘若详细进行分析的话，他一辈子的思想动态可以被分成成千上万个节点，这同样也是变化无穷的。古往今来的学者不明白这个道理，每对人物进行评论时，总是众口一词，说某人自幼胸怀大志，某人在三岁的时候便说出令人感到惊奇的话语，某人在五岁的时候便做出令人感到惊奇的举动。甚至有人还会记述某人出生时的吉兆，或是将梦兆当作某个人言行记录的一部分。这的确是太糊涂了。即便在所谓的正史中，也有不少这样的记载：丰臣太阁的母亲梦到太阳进入怀抱而有孕；后醍醐帝由于梦见楠木而得到了楠氏。以上这些虚妄荒诞的说法，简直是多得数不胜数。学者终日宣扬这种怪论，不但可以说是欺人，而且就连他本人也深信不疑，真的是太可怜了！这就属于没有原则地羡慕古代，盲目地崇拜古人，因此就算是在古人死了以后，在追述他生前的功业时，也会故意将其说成异象，进而捏造一整套牵强附会的言辞，来让后人产生耸人听闻的感觉，这跟占卜卖卦者的妄谈有什么区别呢？人是因为天赋与所受教育的不同，才在志向方面自然而然地产生了高下之分。志向高远的想去做高尚的事情，志向低的只希望做一些低微的事情。每个人大致都有一定志向，这一点几乎是肯定的。可是，我们在这里要谈论的话题是，有大志的人不一定能够成大业，成大业者也不见得在童年时代就可以预见自己以后的成功。即便是大致上定好了自己的志向，可是他的理想与事业几乎都是随着时间的变化而随时发生进退和变化的，而且永远都没有穷尽。当然，由于偶然得到了时机，也有人得以完成大业，希望学者不要对此产生误解。

从上述论断来看，是不是可以这样认为，一个人在思想上的变化是无法通过肉眼进行观察的。那么，是不是也可以这样说，人的思想活动完全是随机的，不存在任何的规律呢？这当然是不对的。对文明进行深入研究的学者，自然掌握了如何观察这一变化的手段。假如按照这个方法去探寻，不仅能够知道思想的变化的确存在着一定的规律，而且这种规律是极为明确的，就如同看一个物体是方是圆那么简单，就如同朗读刻在板上的文字那么简单，即便是想对它进行曲解也是不可能的。那么，到底是什么样的方法呢？那就是将广大人民群众的思想当成一个整体，长时间、大范围地进行比较，然后再去验证它在各种各样的事情上的表现。就如同判断天气是晴是雨一样，我们不能通过朝晴来预测夕雨，更何况在几十天的时间内，怎么能够预先确定几日晴天几日下雨的固定规律呢？这就不是普通人的智慧所能做到的事情。可是，在一年之中，只要统计一下晴雨的平均天数，就能知道晴天要比雨天多。而且将这种统计方法从一个地方扩大到一个州或一个国家时，统计出来的平均数就会更加精确。假如将这个统计方法扩大到全世界范围，并且将前几十年和后几十年的晴雨平均天数全都统计并进行比较的话，那么这两组数字肯定是相差无几的，就算是几天的误差都不会有。假如能够将这种统计和对比扩大到几百年或是几千年，那么它的准确性或许就能够达到一分钟也不会差的地步。人的思想动态也是一样。单从一个人一个家庭来看，是无法发现它的准确规律的，但是假如将其扩大到全国的范围来考察的话，那么这个规律的准确性，就跟统计晴雨的平均天数差不多，能够让我们得出一个同样精确比例的数字。处在某个时代的某个国家，它的智德会趋向于某个方面的发展，或是由于某些原因而发展到了某种程度，或是遇到某些阻碍而退化到某种程度，如同观察实质物体的进退方向一样，可以让人一眼就看清。英国学者勃库尔氏所著的《英国文明史》中这样说道："倘若把一个国家每一个人的思想凑成一个整体来观察，就会惊奇地发现，它的动态呈现出了一定的规律性。比如，犯罪行为也是人从思想到具体活动的转化，如果仅观察一个人，当然是无法看到这种活动的规律的，可是，只要国家的状况没有发生根本性的改变，每年的犯罪人数，是不会发生巨大变化的。以杀人犯为例，大部分杀人行为都是犯罪者一时的愤怒导致的。从个人角度来说，谁会事先想到自己要在某年某月某日去杀害某某人呢？但是根据法国的统计数据显示，不但每年杀人犯的数目基本相同，就连用来杀人的凶器，一年和一年也没有什么差别。最让人感到奇怪的是自杀。自杀这件事，原本就不是其他人可以强迫的，也不是可以命令、劝说和引诱的，而是一种完全自愿的行为，因此，我们不可能觉得自杀会有什么规律性可言。但是，根据1846年到1850年对伦敦每年的自杀人数进行统计，发现自杀人数最多的一年达到 266 人，最少的一年也有 213 人，平均每年大概有 240 人，这几乎变成了一个固定的数字。”上面这段话是勃库尔氏的分析。现在我再用一个通俗的例子来进行说明。比如在商业方面，卖方不可以强迫买方购买自己的商品，买与不买的权利完全掌握在买方手上。但是，卖方在进货的时候，肯定会对市场的需求进行考察，因此他就可以做到不积压商品。米、麦、布匹等商品不会腐烂变质，即便进的货多一些，也不至于马上遭受损失。在炎热的季节采购鱼虾或日本点心的商人，倘若早晨购入的货物无法在当天全部卖出，马上就会受到巨大的损失。可是，在实际生活中，如果你到东京的糕点铺去买这样的点心，你就会了解到，在那里售卖的蒸糕，到傍晚时分便会全部卖完，从来都没有听说过有卖不完而变坏的。这种供销两得的情况，似乎是卖方和买方事先约定好了一样。等到傍晚才去买点心的人，就像不顾自己的需求，只怕糕点铺卖不完货一样。这难道不是怪事一桩吗？糕点铺的情况是这样，那么，不妨再问问附近的住户，一年之内到底吃几回这样的点心，买点心的时候会到哪个铺子，一次会买多少，这些问题恐怕谁都无法回答。因此，对于吃点心的人的想法，我们不能只去观察某一个人，但如果将整个城市的人的想法当作一个整体来看待，就能明白想吃这一类点心的人的想法也是有一定规律性的，而且可以通过分析总结，对其动向进行准确掌握。

因此，世界的形势，绝不能只通过一事一物来妄自揣度。一定要大范围地观察事物的动态并对其实际上表现出来的所有情况进行考察，然后彼此之间进行比较，不然的话就不能了解真实的情况。这种方法其实就是对很多方面的实际情况进行大范围的研究，西洋人将之称为统计学。这种方法对于研究人类的事业与衡量其利害得失而言是绝对不能缺少的。据我了解，西洋学者近年来用这种方法专门来研究各种事物，取得了很大的收获。社会上关于土地和人口的多少，物价和工资的高低以及出生人口、结婚人口、疾病人口、死亡人口等数据，都可以用这种方法进行统计并制成表格，然后互相进行对照和比较，即便是以前很难展开研究的社会问题，也可以因为应用这一方法而变得非常简单。比如，据说英国每年结婚的人数会随着粮食价格的涨跌而有所增减，粮食价格上升，结婚人数就会减少，粮食价格下降，结婚人数便会增多，从来都没有例外的时候。在日本，尚未出现编制这种统计表格的人，因此情况还没有办法了解得更加清楚。但是可以肯定的是，结婚人数也会随着米、麦的价格而出现增减的变化。男婚女嫁原本就是人之大伦，因此人们将婚姻视为头等大事，从来不会草率了结，当事人双方各有自己的好恶，身份地位和家庭贫富都有所不同，又要听父母之命、媒妁之言，另外还要对各方面的条件加以考虑，直到双方全都觉得合适之后才可以结婚。这就不得不说是一种偶然的巧合了，事实上婚姻真的是一件不期而遇的事情。因此人们才将其称为奇缘，甚至在神话传说中还有月下老人撮合姻缘的故事，这些都证明了婚姻是一件完全出于偶然的事情。可是，从一个国家的实际情况来看，婚姻又绝非出自偶然。既不是因为当事人的心愿，也不是因为父母之命和媒妁之言，尽管做媒的人巧言善辩，尽管冥冥之中自有天意，但是对于社会上普通的婚姻来说，都是没有什么用的。因此，能够完全支配结婚双方的意愿、父母之命、媒妁之言以及天意撮合的，能够随意操控、使婚姻成功或者破裂的只有一个东西，那就是米价，这也是社会上最具决定性的东西。

按照这一原则对事物进行研究，对于探明事物动态的成因将会发挥很大的作用。本来，事物的动态，一定是有其原因的，而且其原因又可以被分成两种类型，一种是近因，一种是远因。近因显而易见，远因模糊难辨。近因有很多种，远因的种类就比较少。近因容易造成混淆视听的后果，而远因只要查证明确之后就确定不变了。因此寻找原因的重点在于从近因慢慢追溯远因。追溯得越远，原因的种类就会越来越少，而且还能用一种原因来解释几种不同的现象。比如令水沸腾的是火，令人呼吸的是空气，因此空气就是人呼吸的成因，柴火则是水沸腾的成因。

但如果只找到这样一个原因，仍然不能说是查到了底。原来，木柴之所以能够燃烧，是由于构成它的碳元素与空气里的氧气发生化学作用而发热；人之所以能够呼吸，是空气中的氧被吸入人体，在肺部与血液里过剩的碳发生了化学反应，然后又被呼了出来。因此木柴和空气都只能说是近因，而氧才是远因。所以，水的沸腾与人的呼吸，两者的表现不仅不一样，近因也不一样，必须更进一步追寻到作为远因的氧，才能将沸腾的现象与呼吸的现象都归纳为同一个原因，从而得出一个最终的正确结论。再比如前面我所说的那个关于社会上的结婚人口数量多少的问题，它的近因包括婚姻双方当事人、父母、媒人的想法以及其他各种各样的条件。可是，这些近因非但无法说明真实的情况，反倒会导致一片混乱，令人感到迷惑。所以，一定要抛开这些近因，去深入寻找远因，知道了粮食的价格，然后才能找到制约结婚人口数量多少的真正原因，最终得出一个明确而无法改变的正确规律。

现在我们再用一个例子来证明。比如这里有个酒鬼从马上摔下来伤了腰，因此得了半身不遂的病症。倘若要问该病症究竟应当怎样治疗，是不是因为从马上摔下来的缘故，便要在腰上贴膏药，完全按照跌打的路子进行治疗呢？假如这么治的话，那医生肯定是个糊涂庸医。因为从马上摔下只不过是得病的近因，而事实上是他常年酗酒不知养生，脊髓和骨质早已衰弱，恰好在该病症快要发作的时候，从马上摔了下来，最终导致全身震荡，因此突然发病，得了半身不遂的病症。所以要想治疗，就必须先戒酒，让致病的远因——也就是衰弱了的脊髓和骨质慢慢恢复。稍微有一些医学常识的人，都会明白这病的根源，要想治疗也非常容易。不过，那些谈论社会文明的学者就不明白这一点。他们大多都是庸医一类的人物，只会被眼前所见所闻的现象迷惑，却不知探寻事物的远因，不是受到这样事的迷惑，就是受到那样事的蒙蔽。如果这种人也想标新立异，妄图做什么大事的话，那真可说是盲人骑瞎马，太胡闹了。为了这样的人考虑，才真的是可怜！就算是为了社会考虑，也是一件非常可怕的事情。

前面说过，在这个世界上，文明是一个国家的人民的智德不断进步的产物。既然如此，那么一个国家的兴盛和衰亡，也就与国民的智德产生了莫大的关联，这绝对不是区区两三个人的力量所能决定的。整个国家的形势并非凭着自己的主观想象——让它前进便前进，让它停下就停下的。接下来再用两三个历史上的事例来对这个道理进行进一步的说明。原本在讲述理论的时候引用历史文献就会让文章显得冗长而使人厌烦，不过，根据史实来讨论事理，就像喂小孩吃苦药的时候给他掺上点儿糖一样，能够让他感到适口一些。因为刚刚开始学习的人，在理解抽象的理论时总会感到比较困难，倘若夹杂一些历史上的真实事例，就可以让他理解得更快一些。在日本与中国的历史上，从古至今，大多数英雄豪杰人物都令人唏嘘叹惋，得志的真是太少了，很多人一辈子都只能穷困潦倒、牢骚不平。后代的学者也都为他们的遭遇而流泪。他们说孔子生不逢时，而孟子也是一样。又比如菅原道真被贬谪于筑紫，楠木正成在凑川战死等，类似的事例数不胜数。因此从古至今都把偶然获得成功的情况称为“千古奇遇”，这正好说明了“逢时”之难。那么，这里的“时”又指代什么呢？是不是说，在周朝时，诸侯如果能够重用孔子、孟子，将国政委托给他们，天下就一定能够大治，如果他们没有得到重用，就成了诸侯所犯的罪过呢？道真被远谪、正成之战死，莫非也是藤原氏与后醍醐天皇的罪过吗？倘若说“不遇时”是与两三个人的“心意”不和，那么难道所谓的“时”就是由那两三个人的心意所形成的吗？倘若周朝的诸侯在一个偶然的情况下重用了孔子和孟子，后醍醐天皇听从了楠氏的建议，就一定能够像今天的学者所想象的那样，能够将千年一遇的伟大功业完成吗？所谓的“时”，难道与两三个人的愿望没有任何的差别吗？所谓的“不遇时”，就是说英雄豪杰的想法与君主的想法互相对立的意思吗？照我看，这完全是不对的。孔孟之所以没有被重用，并非周朝诸侯的罪过，而是另有其他原因。楠氏之所以战死，不是因为后醍醐天皇不够明智，也另有其他原因。那到底是什么原因呢？我认为是“时势”，即当时流行于社会和人民之间的“风气”，更确切地说，是当时人民普遍拥有的“智德”水平。下面就来对这个问题进行论证。世界的形势，就如同轮船在大海上航行一样，主宰天下大事的人，就如同航海人员一样。倘若在一艘 1000 吨的轮船上面装一台 500 马力的蒸汽机，如果每小时能够航行 5 海里，那么 10 天就能够航行 1200 海里，这便是轮船的速度。不管什么样的航海人员，不管用什么样的方法，都不可能让 500 马力增加到 550 马力，也不可能将 1200 海里的航程缩短到 9 天。航海人员的责任，就是在保障机器正常运转的情况下充分发挥自己的作用。如果航行两次，第一次用了 15 天的时间，第二次只用了 10 天便到达了目的地，那并不是因为第二次的技巧有多么高明，而是由于第一次过于拙笨，第一次出航的人员没有真正发挥蒸汽机的潜力。但人的拙笨可是没有明确的限度的，同样是驾驶一艘轮船，有的人会用 15 天，还有人会用 20 天来完成航程，甚至还有根本就无法开动的。可是，不管人有多么机灵，也绝对不可能让机器发挥出它所不具备的能力。至于社会上治乱兴衰的局面，也是同样的道理。如果想要改变大势，只让两三个掌握国家大权的人来主宰全国人民内心的真实想法，那绝对是无法做到的。况且是违背人心强迫天下人服从自己的意志呢？那困难程度就如同在陆地上行船一样。从古至今，但凡能够成就大事业的英雄豪杰，并非是他们用自己的智术提升了人民的智德，他们只是没有对人民智德的进步造成阻碍罢了。看看整个国家的商人，不都是夏天的时候卖冰，冬天的时候卖煤吗？这完全是顺应了大家的愿望。倘若有人在冬天的时候卖冰、夏天的时候卖煤，那恐怕天下人就无不说他是个蠢人了。如果在风雪的寒冬想卖冰，却又没人买，便因此归罪于那些不买的人，并且大发牢骚，这简直是没有道理的事情，而有这种想法的人也是没有脑子。真正的英雄豪杰倘若担心冰卖不掉，最好的办法就是将它们储存起来，等到夏天来临再去卖，而在中间等待的时候，倒不如多多宣传冰的用处，让人们都知道他那儿有冰。假如这些东西真的有用，那么只要时候到了，自然不愁卖。倘若没有什么真正的用途，而且根本就不可能卖掉，那么就应该坚决、尽快停业。

周朝末年，所有人都对王室礼法的束缚感到不满，伴随着礼法的日益松弛，诸侯开始背叛天子，大夫开始挟持诸侯，以至于陪臣都掌握了国家的大权，天下因此而分崩离析。当时，那些封建贵族之间互相争斗不休，没有人再敬仰唐尧虞舜的禅让之风，人们只知道有贵族，却不知道有庶民。因此，谁能够帮助较弱的贵族抗衡实力较强的贵族，谁就能够赢得天下和人心，并且掌握一个国家的权柄。齐桓公、晋文公的霸业，就是这样建立起来的。在这段时间内，只有孔子主张恢复尧舜时代的风气，提倡用抽象的德政来教化百姓，当然这种主张是不可能行得通的。按照当时的情形，孔子远不如管仲等人能够长袖善舞，顺应时代的变化。到了孟子生活的年代，情况就变得更加糟糕了。当时，那些封建贵族已经慢慢趋向统一，抑强扶弱的霸业也早就行不通了，并且慢慢形成了强国吞并弱国、大国吃掉小国的兼并混战局面。当时，苏秦、张仪等人奔走于四方列国，或助其成，或破其策，在合纵连横的争斗中忙碌不休，贵族自身都难以自保，哪里还有闲暇时间去关心人民呢？哪有时间去考虑孟子所说的“五亩之宅”呢？他们只想着举全国之力来应对战争，求得国君一个人的安全罢了。当时，即便是有圣主明君，想要听从孟子的建议而施行仁政，恐怕也会随着政权的崩塌而给其自身带来危险。比如滕国处于齐、楚两个大国之间，孟子也没有什么好办法来应对这样的局面——这就是一个明显的例子。这里我并不是对管仲、苏秦、张仪等人持袒护态度，对孔子和孟子则持贬抑态度，我只是叹息这两位圣人不能认清当时的形势，竟然想着用他们的学问来对当时的政局施加影响，不仅受到了时人的嘲笑，就算对后世也并没有什么益处。孔子和孟子都是他们所处的那个时代的伟大学者，是从古至今少有的思想家、教育家，假如他们能够摆脱当时政治上的羁绊和束缚，开辟出一个崭新的局面，那么他们所建立的功德必定无比伟大。但是，他们一生都被限制住了，没有能够迈出这一步。所以，他们的主张看上去不成体系，没有成为缜密的理论，而且其中大半夹杂着政论，以至于令哲学的价值受到了贬低。请想一下，那些尊奉孔孟的学者，就算是读书破万卷，如果没有从政的话，就没有丝毫其他的用处，只能在私下里发牢骚、鸣不平。如果这种观点普遍流行于天下，每个人都进入政府成为统治集团的一员，那么，政府下面还有什么人可以被统治呢？他们将人划分成了智愚、上下不同的等级，自诩为智者，并急迫地想要统治那些所谓的愚民，因此他们参与政治的想法便十分的急切。但最终还是因为求之不得，反而被人讽刺为丧家之犬，我真是替圣人们感到羞耻啊！至于要将他们的主张施行于政治，我觉得也存在很大的问题。孔子和孟子的学说原本是讲修身养性等伦常道理的，不管怎么说是对抽象的仁义道德进行讨论的，因此我觉得也可以将其称为伦理学。道德是纯洁的，不应当受到轻视。对于个人而言，它具有很强大的功能。可是，道德只存在于一个人的体内，在与有形的外部世界接触时，并不会发挥任何作用。所以，倘若在未开化的或是人际关系单纯的社会，它对于维护秩序还是非常有用的。不过，随着民智的慢慢开化，其功用必定会逐渐减弱，直至丧失。假如现在还想用内在的、无形的道德对外在的、有形的政治施加影响，想要用古代的方法来处理现代的事务，想要用感情来统治人民，那未免就太糊涂甚至是太可悲了！这种不顾时间、地点的情况，正如想在陆地上行船、在盛夏穿上皮裘一样，在现实生活中是根本不可能行得通的。事实证明，几千年来，直到现在，从来就没有因为奉行孔孟之道而实现天下大治的。所以说，孔孟之所以没有受到重用，过错并不在于诸侯，而是当时那种时代的大趋势所造成的。在后世的政治方面，孔孟之道之所以未能施行，并不是孔孟之道不对，而是因为时间、地点不符合。周朝末年不适合施行孔孟之道；在当今这个时代，孔子和孟子也不能成为有作为的人物；甚至到了日后，孔孟之道也不可能适用于政治。

理论家的学说最终会成为哲学，这与政治家的功业也就是政治是有着非常大的区别的。

楠木正成的死，也是当时的情势所造成的。当时日本皇室大权旁落已经有很长时间了，早在保元、平治两位天皇之前，军事上的大权就已经完全被源、平二氏牢牢掌控，天下的武士无不服从他们的管辖。源赖朝继承了父辈和祖辈的遗业，崛起于关东，整个日本国没有一个人敢与他争锋。这是由于当时全国人民都慑服于关东的威势，人们只知道有源氏，却不知道有天皇。后来北条氏继续把持国家的政权，并且能够得以保持镰仓的旧例，全都是借着源氏的余荫。等到北条氏覆灭，足利氏兴盛，仍然是依靠了源氏门阀的力量。在北条、足利时代，全国各地的武士虽然曾经打着“勤王”的旗号兴兵起事，但他们真正的目的是想借机打垮关东的势力，来获得个人的功名。假如这些所谓的勤王之辈果真得了志，那势必也会变成第二个北条或足利。

就算是为了天子着想，也无非是继续重复前门拒虎、后门进狼而已。类似的情况可以从织田信长、丰臣秀吉、德川家康等人的事迹得到印证。自从镰仓时代以来，在天下起事的人，没有一个不是打着勤王旗号的，可是等他们真正成功以后，却没有一个能够真正勤王。所以勤王只不过被当成起事时的一个借口，成功之后并没有变成现实。史书里这样记载：“后醍醐天皇在消灭北条氏之后，首先对足利尊氏的功劳进行了赏赐，并且将他的地位置于诸将之上，排在他后面的是新田义贞，而楠木正成等真正的勤王功臣，则被置之不理。以致足利尊氏野心得逞，王室再次陷于衰微。”直到现在，学者在读这段历史的时候，无不对足利氏的凶恶咬牙切齿、痛恨不已，感叹天皇的不明智。实际上，这都是由于不了解当时的时势的缘故。在当时那种情况下，天下所有的大权都掌握在聚集在关东的武人手里，正是这些关东的武士消灭了北条，帮助天皇复辟成功。作为关东的名门，足利氏威望一直都非常高，虽然当时关西的人也起事勤王，但是如果足利氏没有改变自己的态度，天皇又怎么能够复辟呢？事情成功之后，将足利氏放在元勋首功的位置，恐怕也并不是天皇有心要对足利氏的汗马功劳进行奖赏，而是慑于足利氏的威名而不得不顺应时势进行敷衍。从此事我们就能够判断当时的形势了。足利氏从始至终都没有勤王的意思，是由于他的权威并非通过勤王取得的，而是足利氏一族原本就有这样的权威。他勤王的目的是推翻北条氏，是为了让自己获得好处。既然北条已经被推翻，便用不着继续打着勤王这面旗帜了，这样也可以维护自己的权威，这才是他变化无常以及长期盘踞镰仓保持独立的真正原因。而楠木正成就不是这样了，他来自河内一个贫寒的家庭，以勤王的名义，也只不过募集了几百名士卒，经历了千辛万苦才建立不世奇功。可是他却不具备很高的威望，怎能与那些关东名将相提并论呢？对足利氏来说，楠木正成跟自己的部下没有什么区别。天皇并不是不知道正成建立了多么大的功劳，但他也不可能违背众人的意愿，给他记首功。也就是说，足利氏驾驭了王室，而楠木正成又受王室的驾驭。当时的情势便是如此，这也是没有办法的事。况且，正成原本就是靠着勤王才出名的。只有当日本全国勤王的风气变得越来越盛时，楠木正成的威望才会越来越高，不然的话，他的名气就只会日渐式微，这几乎是肯定的。特别是从第一个倡导勤王的正成不得不屈从于足利氏的领导，而天皇对这一情况也无计可施，由此能够想象出当时天下勤王的声势其实是极为微弱的。是什么原因导致这种情况的呢？并非只是因为后醍醐天皇的不明智。自保元、平治以来，历朝历代的天皇，不明智、没有德行的，多得不可胜数，就算后世的史官极尽谄谀掩饰的笔法，也无法隐藏他们的罪责。比如王室父子、兄弟自相残杀，或是靠武将的力量残害骨肉。等到北条时代，情况就变得更加恶劣，不光陪臣掌握了天皇的废立大权，就连王室各个分支也出现了争相向陪臣进谗言，互相倾轧，为了王位争夺不休。他们由于忙着争夺王位，根本无暇管理国政，因此将天下大事置之度外，这些情况都是不难想象的。此时，天皇已经不是统治日本国的君主，而是受武人威力胁迫的奴隶。比如伏见帝曾经向北条贞时发出密谕，陈述拥立龟山帝后代之种种不利，于是伏见帝的皇子被拥立为后伏见帝。可是，伏见帝的堂兄后宇多天皇又请求贞时废掉后伏见帝，改立后宇多天皇的皇子为帝。后醍醐天皇尽管并非圣明君主，但与前几代的天皇相比，其言行还是有很多可取之处的，又怎么能够将王室衰微的责任完全让他来承担呢？权柄从王室手中脱离，并不是被别人夺走的，而是因为长年积累不断发展的趋势，王室自己主动放弃，以至让别人把持了权柄。这就是为什么天下人不知道有王室，只知道有武人；不知道有京师，只知道有关东的缘故。因此即便是当时的天皇圣明，而且手下有 10 个正成那样的大将军，但在王室积弱已久的情况下，还能做出什么大动作呢？这绝对不是人力所能做到的。由此可以看出，足利氏的成功与楠木正成的战死绝不是偶然的，而是有其必然的原因。所以说，楠木正成的死，不是因为后醍醐天皇的不明智，而是时势使然。正成并非败于足利氏而死，而是因为不能顺应时势的变化而亡的。

正如上面所说，那些英雄豪杰之所以“不遇”，只是由于未能顺应当时社会的风气，以至于最后不能让自己的愿望实现。那些能够得千年一遇的机会而终成大业的，也正是因为顺应了时势，让人民能够充分发挥了他们的力量。美国在 18 世纪能够赢得独立，既不是靠着创造伟业的 48 位勇士，也不是第一任总统华盛顿个人的功劳。48 位勇士只是具体地展现出了十三州人民身上具备的独立精神和力量，而华盛顿则是将这种力量体现并运用到了战场上。因此，美国的独立并非千年一遇的奇迹。就算当时打了败仗，一时之间未能取得成功，但仍会出现 480 位勇士，10 位华盛顿。总而言之，美国人民肯定是要独立的。近一点的例子还有四年前发生在欧洲的普法战争，有人认为，法国之所以会战败是由于拿破仑三世在对敌策略上出现了失误，而普鲁士国胜利的最大功臣则是宰相俾斯麦。这种看法并不正确。拿破仑三世与俾斯麦的智力相差并没有那么悬殊，这场战争胜败的主要原因是因为当时的形势。普鲁士这个国家的人民能够团结起来，一致对外，所以就强盛；法国人由于党派纷争不断，所以就衰弱。加上俾斯麦能够顺应这一趋势，让普鲁士人民充分发挥出勇敢的精神，而拿破仑三世却违背人心，向着与法国人民希望相反的方向前行。由此可以得出这样一个结论，战争的胜负，既不取决于将帅，也不决定于武力的强弱，完全是由全体国民的精神力量所决定的。倘若率领几万将士打仗却失败了，那么与士兵的关系并不大，责任最大的只能是那些无能的将帅，由于他对士兵的行动造成了妨碍，不能让士兵充分发挥他们自身的勇气。

我们可以再举这样一个例子，假如现在的日本政府，认为行政效率低下完全是由于长官能力不足，于是便为了寻找人才而录用这个，或是提拔那个，可是试行的结果，对政府事务本身依然没有任何的帮助。要么就以人才不够为借口，聘请外国人来本国担任教师或是顾问，向他们求教，可是行政效率仍然无法提高。如果单从行政效率低下这方面来看，政府官员似乎确实是能力不足，但是请来的外国教师和顾问不也一样是愚人吗？实际上，如今的政府官员都属于国内的人才，而请来的外国人，也并非故意挑选出来的愚人。那么，为什么行政效率还是没有提高呢？肯定是有其他的原因。那原因到底是什么呢？一遇到实际推行政务的情况，就必定会发生一些令人感到无可奈何的事情，这便是其原因。这种情况是非常难以形容的，就如同我们俗话中所说的“寡不敌众”。政府在政策上之所以会出现失误，通常都是因为寡不敌众。政府的官员并不是不知道存在失误，那么为什么知道还要继续做呢？这是由于官员势单力孤，而群众舆论的势力强大，确实是无计可施。如果问这样的舆论是怎样产生的，那确实也无法找到根源，似乎是从天而降一样，但它的力量却足以左右政府及政务的实施。因此，行政效率的低下，并非几个官员的责任，而是群众在舆论方面所施加的影响。世人千万不要总是错误地将所有事情的责任归结于政府官员处置不当。古人总觉得纠正君上错误的认识最为要紧，但是我的看法却正好相反，我觉得一个国家最重要的事情，首先是纠正群众和社会舆论的导向。身为政府官员，由于亲身参与了国事，他对于国事的忧虑自然就比普通人要深切得多，原本应当为群众舆论的错误导向而忧虑，需要设法进行纠正，可是有一部分官员并没有这样做，他们要么就是赞同这样的舆论，要么就是被这种舆论所迷惑，成为同情这种舆论的人。这样的人原本身居为别人忧虑的位置，但却做出了令人感到忧虑的事情。而政府的失误通常表现为——明明自己制定了法令和政策，但最终破坏它的也是自己。从国家的角度来说，假如说这也是一种令人感到无可奈何的事情，那么，所有为国家前途殚精竭虑的人士就一定要努力倡导文明，不管是官员还是平民，都需要从迷惑中赶快清醒过来，来让群众舆论的导向有所改变。舆论才是真正天下无敌的，政府、官员都敌不过舆论的攻势！所以，现在的学者也无须过多地苛责政府，而是应该担忧舆论导向的错误。

或许有人还会说：照这一章所讨论的结果，天下所有的事情，都只能任由人心趋向来左右，并不能改变什么；而全世界的情势，也如同寒暑往来、草木枯荣一样，是人力所没有办法改变的？就像政府对人民而言并没有用处一样，学者也变成了没有用的废物，至于商人和工人，也只能顺其自然，并没有什么强制规定的义务。这怎么能说是文明的进步呢？前面我们已经说过，文明人类发展的必然规律，达到文明的状态，当然是全人类的愿望。但是在实现文明的进程中，必须要各尽其责。例如政府应当维持好社会的秩序，确保当前的措施顺利施行；学者应当高瞻远瞩，未雨绸缪；工人和商人应当努力做好个人的事情，让国家增加财富税收等，这些都是各司其职、各尽其能为文明的发展所做的贡献。当然，这不是说政府不应当制定长远的规划，学者更不应该无所事事。更重要的是，有些政府官员就是学者出身，二者的职责尽管十分类似，可是，既然已经区分出了公和私，并明确地分清了各自的职责范围，那么就不能不对职务的性质进行现在、未来的区分。倘若国家有什么事情发生，首先需要立即做出决策的当然就应该是政府。可是，密切注意世界局势，为了应对未来做好一切准备，要么促使其尽快实现，要么防患于未然，就都是学者的职责了。普通的学者不明白这个道理，喜欢多管闲事，四处奔走呼吁，但是却忘了自己的本职，有的甚至受到了官方的利用，想要插手政府当前的政务，最后不仅一无所成，反而令自己学者的身价受到贬低。这真的是太过愚蠢了。政府所发挥的作用就像给身体做外科手术，而学者的理论就像是身体养生的方法，二者的效果虽然有迟速缓急的不同，但是对身体的健康而言则同样是不可或缺的。如今说起政府和学者，尽管一个作用于现在，一个作用于未来，但却都是非常重要的功用，二者对国家来说，也都是不可或缺的。因此，政府与学者千万不要有丝毫抵触的地方，一定要互助合作，相互鼓励，一起为文明的进步和发展而努力。

智德的区别

在前面的讨论中，我曾将“智”“德”两个字放在一起，作为一个词语，想以此表明文明的进步与社会整体智、德的发展有着巨大的关联。但在这里我将分别对“智”“德”二字的含义和区别进行阐述。

“德”就是道德，西洋人称为“Moral”，意思是内心所坚持的原则。也就是一个人内心真挚、无愧于人、无愧于心。“智”就是智慧，西洋叫作“intellect”，意思是指考虑事物、分析事物、处理事物的能力。另外，道德与智慧，还有四方面的区别。第一，凡是归于内心活动的，例如笃实、纯真、谦虚、严肃等叫作私德。第二，和外界接触并表现在社交行为上的，例如廉耻、公正、耿直、无畏等叫作公德。第三，探求事物的道理，并且可以顺应这种道理的才能，叫作私智。第四，能够区分事物的轻重缓急，轻、缓的事情后办，而重、急的事情先办，这种观察事物时间性与空间性的才能，叫作公智。所以，私智可称作机灵的小智，公智也可称作聪明的大智。这四者之中，最为关键重要的是第四种的大智。假如不具备聪颖睿智的才能，那么也就无法将私德私智发展为公德公智。相反地，有时还会有公私相悖且相互抵触的情形。古往今来，尽管无人将这四者确切地提出来，然而，从学者的言谈或者是在一般人平常谈论中，认真研究其意义，便可以从中发现这种分别是确切存在的。恻隐、羞恶、辞让、是非，为人心之四端。扩之则若火之始燃，泉之始达。苟能充之，足以保四海，苟不充之，不足以事父母。这是孟子的观点，说的就是要将私德发展为公德的意思。又如：“虽有智慧，不如乘势；虽有镃基，不如待时。”[①] 这就是要洞察事态的轻重缓急，将私智发展到公智的意思。世间也常有这样的说法：某某人在社会上真的是一个非常能干的人物，在工作中表现十分优秀，然而私生活却实在是不像话。法国宰相黎塞留就是如此。也就是说，虽然在公智公德上毫无欠缺，但是在私德上却是有缺点的。还有另外一种说法，就是：某某人无论是围棋、象棋，或者珠算全部精通，然而仅仅是有小聪明，而不具备大见识。这是对只有私智而没有公智的人的评论。上述智德的四种分别，既然是学者与一般人所公认的，所以，它就是一种普遍的分别了。首先确认这种分别，接下来再进一步探讨其作用。

综上所述，假如不具有聪明和睿智的才能，那么就不能够将私智扩大为公智。比如，下棋、斗牌、耍球等本领，是人的技能，探究物理、机械等方面的学术，也是人的技能，尽管同样需要耗费精力，然而，如果在衡量事物的轻重缓急之后，去从事重大而且对社会更加有益的事情，那么智慧所表现的作用相对来说也就更大。或者，尽管没有亲自动手，但是可以观察事物的利害与得失，恰如亚当·斯密阐述经济规律一样，积极地指引社会上的人更进一步向富足的道路上走去，这就是充分让智慧发挥出巨大的作用。因此说，如果想将小智扩大为大智，就一定要有聪明睿智的见解。还有一些读书人讲什么：“大丈夫处世，当扫除天下，安事一室乎？”[②] 尽管对治国平天下之道大有心得，然而却不能修身齐家。也有出淤泥而不染、闭耳不闻窗外事的人，甚至还有杀身而无益于世之人。这些都是不聪明，不清楚事物之间的关系，不能够分辨轻重大小，从而丧失了修德的平衡。不难看出，智德受着聪明与睿智的差遣，因此，就道德来论也可叫作大德。然而，假如依照社会

① 出自《孟子·公孙丑上》。

② 出自《后汉书·陈蕃传》。

上一般人常用的字义，不应当叫作道德。这是由于从古至今我国人民的思想上所断定的道德，是专门对个人的私德而言的。探究其意义，都是以古书中的温良恭俭让、仁者如山、无为而治、圣人无梦、大智若愚等为本心的。也就是说，道德所指的是，存于内而非形于外。西洋叫作“Passive”，意思是指对于事物不采取主动，反而是采取被动的方式，这好像仅仅将排除私心一事当作最重要的事情。尽管书中所谈论的并非全是被动的道德，好像也有一些活泼生动的妙处，然而全书的精神给人的印象，只不过是劝告人们容忍屈服罢了。在这种教育影响之下的我国人民，在其一般观念中，道德具有很大的局限，所以所谓聪明和睿智等才能，也就不可能仅仅是书中字面意思所能概括的。因此在对文字含义进行解读的时候，不要局限于学者的定义，而要考察广大群众的意见，依照群众所理解的看法来解释，才是最准确的。比如“舟游山”这个词语，假如按照字面去探求字义，就无法讲得通，但是按照一般的解释，这个词语并不包含山上游逛的意思。“德”字也是这样。假如根据学者的解释，意义非常广泛，但是根据一般人的解释就不是这样了。一般的人，看到清心寡欲的山寺老僧，就敬重其是有德高僧。对于擅长物理、经济、理论等学问之人，则必定不会将他们称为有德行的君子，而会称其为才子或是智者。又比如对于古往今来成就大功业的风云人物，则会称其为英雄豪杰，而对于他的道德，则仅是称颂其私德，而对更可贵的公德，反而不会列入道德之内，似乎是将它忘记了。不难看出，一般人对于“德”字的理解到底有多大的局限性。这或许是由于在人们的认识中，尽管清楚智德有四种分别，但是有时候好像清楚，有时候又好像不清楚，结果受社会一般风气的束缚，仅仅重视私德方面。所以，我也按照社会一般人的观点，将聪明睿智的作用纳入智慧当中，对于普通所谓的道德，就一定会缩小其表面含义的范围，仅限于被动的私德了。前面所阐述的“德”字就是根据这个标准来解释的，因此，在谈论的时候，用智慧与道德互相对比，觉得智的影响是重且广的，德的影响是轻且窄的。这里也或许有些偏见，然而学者假如能够明白前面所讲的意思，也就不至于产生疑惑了。

在民智尚未开化的情况下，提倡使用私德去教化人，人民也听从这种教化，不只我国如此，世界各国也都是如此。在人刚刚脱离禽兽的行列时，为了尽快抵抗野蛮凶暴的行为，平复人心，让自己过上安稳的生活，因此人们无暇考虑人和人之间复杂的关系。此外，在原始社会，对于物质方面的生活，只有吃这一样，而且是从手直接到口，好像也无暇顾及居住、衣服等方面的问题。但是，随着文明渐渐地进步，人和人之间的关系也逐步变得复杂起来，因此就没有理由只依靠私德这一种方法来控制其他人。因为自古以来的习惯与人类天生的惰性，总是喜爱守旧与苟安，因此，道德也就总是偏向一方，不能够维持其平衡。原本，私德的条目是传于万世而不变、放之四海而皆准的最纯正、最完满的事物，自然不是后世可以改变的。可是，随着社会逐步地发展，私德的使用就必须要选择合适的场所，且一定要采取合适的方法。比如，人要饮食这一点，尽管是亘古不变的，然而在古代，仅有用手直接到口这一个方式，但是到了后世，饮食的方式却变得五花八门。又比如，私德之于人心，就好像是耳目口鼻之于人身一样，根本不存在有用或者无用的问题。只要是人类，就不可能不具有耳目口鼻。除非是身体残缺不全者所居住的社会，才会有探论耳目口鼻有用与没有用的必要。既然不存在残缺不全的情况，那么也就犯不上去滔滔不绝地议论了。在上古民智尚未开化的时期主张这种学说，自然是有必要的。然而到了今天这个时代，假如全世界人类十有八九，依旧是残缺不全的，那么道德的教化也就绝对不可以置若罔闻，或许还要为此争辩一番。比如，对于智力尚未得到发展的儿童，或者一无所知的愚民，假如始终如一地告诉他们，道德并非什么宝贵的事物，那么就会让他们产生曲解，从而把道德理解成是低贱的，只有智慧才是宝贵的。甚至还会曲解智慧，以至于出现摒弃美德而寻求奸智的弊端。如此一来，或许会导致社会上人和人之间正常的关系被毁灭，因此对于这类人一定要不断强调道德的问题。然而，假如将寻求真诚的私德当作人类的分内之事，以私德支配社会上的所有事物，其弊端也是十分令人恐怖的。所以，一定要清楚地点与时间的条件，以期步入高尚的境地。

文明的原意，是随着人事逐渐变得复杂而进步的，因此不可以满足于上古时期的原始形态而止步不前。现代人在饮食方面，已经不能采用从手直接到口的方式了，只要了解人之有耳目口鼻并不是值得炫耀的事情，那么也自然会明白仅仅修私德并不可以尽到做人之道。文明的特点是人事纷繁。交际越频繁，思想活动也必定会复杂起来。假如觉得仅仅用私德就能够应对社会上的一切事物，那么，看到现在妇女的德行便大可感到称心如意。很多正派的家庭妇女，都具备贤淑谦逊之德，言语忠信、行为笃敬，而且拥有很强的处理家务的才干，然而她们为什么不可以出来负担社会公务呢？这就说明人们不是单凭私德来处理社会问题的。总而言之，我的看法，并非是不重视私德，将它当作生活的小节，而是不能够认同我国人民一直以来所坚持的那样，过度强调私德的影响，将它作为谈论事物的标准。我的意思不是说私德没有用，以至于要将它抛弃，而是提倡在主张私德的同时，也一定要强调更加重要的智德的影响。

智慧与道德，就像人的思想的两个部分，各自发挥着作用，因此不能说哪个更重要，哪个不重要。一个人假如不能做到二者兼备，那么就不可以算是个完人。但是，试看自古以来学者的言论，十有八九是违背事实的，有的甚至错误地只主张道德的一面，更有甚者竟然极端错误地觉得智慧是完全没有用的东西。为了社会考虑，这是最让人担忧的弊病。当谈论到要消除这个弊病的话题时，却又碰到了其他的困难。在当今社会，要谈论智慧与道德的分别，要想纠正这种流弊，首先必须要将这两者的界限划清，并将其各自的作用明确地指出来。然而，在头脑简单的人看来，或许会觉得这种说法属于轻德重智，会贬低道德的价值，从而心怀不忿；可能还有人曲解这种议论，简单地觉得道德是没有用的东西。原本，为了社会的文明进步发展，智德两者都是必不可少的，就像人身之需要营养，粮食菜蔬和肉鱼都是不可缺少的。因此，现在提出智德的功效，谈论智慧的重要性，恰如奉劝不知保养的素食者去食肉一样。劝人吃肉，一定要阐明肉的功效，讲明粮食菜蔬的养料不够充足，更要阐述菜肉同食且互不相悖的原理。假如这个素食者仅片面地理解这个道理，然后竟然忌吃粮食菜蔬，开始只吃鱼肉，那就是糊涂到了顶点，只能说这是曲解。我想古往今来的识者，并非是不懂得智德的分别，而仅仅是害怕产生这种曲解，所以特意存而不论。可是，如果明明知道却从不谈论，那就永远不能解决这个问题。不管什么事情，只要合乎道理，不一定非要十个人全都误会，即便十人之中偶尔有二三人误会，也比不谈强。因为害怕二三人误会，而阻碍了七八人增长见识，这是不合乎道理的。因为害怕世人误会而将应该发挥作用的谈论藏匿起来，或者将自己的看法加以掩饰，让人无法清楚分辨，玩弄什么“见风使舵、看人说话”的计谋，那么只能说这是一种藐视人类的举动。人类智愚的悬殊不可能过大，世人尽管愚昧，但是尚且可以辨别清楚黑和白。那么，主观地觉得别人愚笨，或者揣测、曲解别人的意思，而不将事情的真相告诉他人，这难道不是有失敬仰之道吗？这都是君子所不为的事情。只要自身觉得是正确的，就应当毫无顾忌地直言不讳，至于正确与否，可以由别人来判定。这就是我之所以好辩与谈论智德分别的原因。

道德是存在于人类内心世界的事物，而并非外在的举动。所谓修身和慎独，都是与外界没有关系的。比如，无欲、正直尽管是道德，假如为了害怕他人的诬蔑，或者担忧世人的攻讦，而牵强地装出一副无欲与正直的样子，那么，这不可以将其称为真正的无欲与正直。攻讦与诬蔑都是外界的事物，这些受外物限制的就不可以叫作道德。假如这也可以称为道德的话，那么，在某种情形下为了躲避某些事情而做出徇私枉法的举动，也就算不得背离道德了。假如是这样，伪君子与真君子也就没有任何分别了。所以，道德可以说是一种无论外界事物怎样变化，不管世人如何评论，都会威武不能屈、贫贱不能移，坚定地存在于人们内心的事物。智慧与道德不一样，它需要与外物来往，并思考利害关系，假如这样做没有利，则换用其他的方式；如果自身觉得有利，但是大多数人认为有害，那么就应该马上改变；一件事之前是有利的，现在有了更加有利的，那么就应该采用这个更为有利的事物。比如，马车比轿子有利，然而假如明白了蒸汽的原理，那么就应该制造火车。制造马车与发明火车，自探究其利害关系之后就能够知道应该选取更为有利的事物，这就是智慧的功用。如这样智慧与外界事物来往，适应状况灵活应用，与道德完全相悖，这是一种外在的功用。有德的君子独自坐于家中，不能说他是不好的人，然而，智者假如没有作为，且不和外物来往，那么也就可以称为愚人了。

道德是人的品性，首先它的作用是影响一家人。如果主人的品性端正，那么这一家人的品行就自然会趋于端正；如果父母为人随和，那么儿女的性子也自然随和。有时亲戚朋友之间，彼此相互劝告，也可以走进道德之间，然而，只用忠言相劝，而让人为善的功用终究是极为狭小的。总而言之，只凭借道德是不能做到家喻户晓的。智慧就不一样，假如创造了物理，一经公之于世，轰动全国，假如是更大的创造，则仅仅凭借一个人的能力，往往能把全世界的面目都改变了。比如，詹姆斯·瓦特创造了蒸汽机，让全世界的工业面目焕然一新；亚当·斯密发现了经济规律，让全世界的商业因其改变了面貌。传播的方式，既可以通过口述来传播，也可以通过书面来传播。听到此类口述或者是看到此类著作，并将其付诸实践的人，就与瓦特、斯密一样了。因此，昨天愚昧之人也能够变成今天的智者，世界上可以出现成千上万个瓦特与斯密。其传播速度之快与推广范围之大，绝对不是以一个人的道德，去劝告其家族朋友所可以相比的。有人说，托马斯·杰斐逊[①]通过努力，废

① 托马斯·杰斐逊（Thomas Jefferson，1743—1826）：美国第三任总统，在任期间签署了废除奴隶贸易的法令。此后，其他国家纷纷效仿，结束了长达 400 年的黑奴贸易。

除了社会上贩卖奴隶的法律；约翰·霍华德[①]把监狱的黑暗扫清了，这些都是道德的力量，不得不说这些都是功德无量之举。这两个人把私德化为公德，的确是功德无量。当这两人历尽千辛万苦，想尽一切办法，克服所有困难，最终使全社会人心都被其感动，实现了自己伟大的事业，这与其说是私德的功劳，倒不如说是聪慧睿智的效果。两人的功绩尽管非常伟大，然而依照社会上一般人的看法来理解“德”字的含义，简单地来讲道德，则不外乎是大公无私的举动。如果这里有一个仁人看见儿童落井，他为了拯救这个儿童，从而牺牲了自己的生命；而约翰·霍华德为了挽救数以万计的人，也牺牲了自己生命，假如将这两人的恻隐之心拿来相比，那么是没有大小区别的。所不相同的是，前者是为救助一个儿童，后者则是为了拯救数以万计的人，前者是立了一时的功德，而后者则留下了万代为之歌颂的功德。至于牺牲生命这一点，两者之间，于道德上是没有任何轻重的区别的。霍华德之所以可以拯救数以万计的人，并留下万代为之歌颂的功勋，是因为凭借了他的聪慧睿智，而发挥了私德的功效，将公德的范围扩大了。因此，上述所讲的这位仁人是仅仅具有私德而欠缺公德公智之人，而霍华德则是拥有公私德智之人。打一个比方，私德好比铁材，智慧好比加工，没有经过加工的铁材，仅仅是坚硬沉重的事物，假如稍微加工一下，将其做成锤子或者是铁锅，那么它就具备锤子与铁锅的功能。假如再进行加工，将其做成小刀或者是锯，那么就具备小刀与锯的功能。假如以更加精密的技术进行加工，巨大的铁材能够被做成蒸汽机，精细的能够被做成表弦。假如用大锅与蒸汽机相比，有谁能不会觉得蒸汽机的功能大并且更为可贵呢？为什么觉得蒸汽机可贵呢？并非是由于大锅、蒸汽机的铁材不相同，而是觉得加工可贵。假如仅仅从铁制品的原材料来讲，大锅、机器、锤

① 约翰·霍华德（John Howard，1726—1790）：18世纪英国政治家，曾著有《监狱状况》，推动了英国的监狱制度改革。

子、小刀的原材料都完全相同，但是，在这些物件之间，之所以有贵贱的分别，仅仅是因为加工的程度不相同而已。衡量智德的对照关系也是这样的。不管是救助儿童的仁人，或者是约翰·霍华德，仅仅从他们的道德本身来讲，是没有任何轻重大小区别的。然而，霍华德对这种德进行了加工，将它的功效扩大了，这个加工就是智慧的功效。因此，谈论霍华德的为人时，不可以仅仅称他为有德的君子，应当称其为智德兼顾，甚至可以是聪明智慧都冠绝古今的人物。假如这个人智力欠缺，一辈子仅仅是蛰居斗室，且只抱着一本书读到老死，那么他的德行或许有可能将其妻子感化，或许连其妻子都感化不了。假如是这样，又怎会有如此的宏愿，而将全社会的坏风气清除了呢？因此说，私德的功效是狭小的，智慧的功用是广泛的，道德是凭借智慧的功用，而扩大其范围与发扬光大的。道德问题从古至今就是一成不变的。古代的贤者尽管很多，但是也没有把“五常”[①]增加一项改为“六常”的，这就是虽然道德条目简少，但是永不可移易的明证。古代圣人不只是将这些教条全部亲身实践，并且还会教导他人。因此后人不管如何刻苦力学，也不能够超出圣人之上，恰如圣人讲雪是白色的，炭是黑色的，后人又如何将它改动呢？与道德有关的问题，犹如古人把专利权给独占了，后人仅能作为承销商，其余是没有其他办法的。这就是为什么孔子之后圣人难以再出现的原因。因此道德在之后一直没有任何改进，上古的道德与今天的道德，在本质上并没有什么变化。但是智慧就不一样，古人了解其一，今人则了解其百，古人所害怕的，今人则轻视它，古人所认为奇怪的，今人则觉得可笑，智慧的范畴日益广阔，古往今来的发明创造多得不可枚举，今后的发展依旧是不可估计的。如果古代的圣人可以活到现在，听到现代这些关于经济与商业的学说，或者搭乘现代的轮船横渡重洋，或者在瞬息之间就可以听到电报传播万里之外的新闻等，不用说，古代

① 五常：指儒家所说的仁、义、礼、智、信。

的圣人肯定会感觉十分惊奇。甚至都不必使用蒸汽机与电报来吓他们，就是用造纸写字的方法，或者让他们看到木版雕刻的技术，这些足够让他们心悦诚服了。这是为什么呢？这是由于蒸汽机、电报、造纸、印刷等技术，全部是凭借后人的智慧发明创造的，而这些发明创造，并非是因为听到圣人所说的道德才得以实现的，这些事情是古代的圣人做梦也没有想到的。所以，假如单单就智慧来讲，古代圣贤的智慧不过是相当于今天三岁的儿童而已。

道德，是不可以用有形的事物来传授的，是否学得，在于学者内心的努力程度怎样。比如，对于典籍上所写的“克己复礼”四字，尽管能够教导别人明白这四个字的含义，但是不等于已经把道理传授了。因此一定要进一步说明这四个字的含义。克己的意思就是把自己的私欲克制住，复礼的意思就是让本性恢复且清楚自己本分的意思。教师所能够做的工作，就止于如此来回认真阐述这个道理，再没有别的传道的方法了。之后就在于各人的修养，或者阅读古人的书籍，或者学习今人的言行从而仿效其德行罢了。这就是所谓以心传心，即所谓道德的教化。教化原本就是无形的，教化的效果究竟怎样，是没有办法测验的。比如，有的人分明就是在恣行私欲，然而自己却觉得克制住了私欲，有的人做了非分之事，然而自己却觉得是安分守己。他们是否如此觉得，教师是完全无能为力的，主要在于学习者如何存心。所以，听到克己复礼的解说以后，在思想上有的人获得非常大的启发，有的人竟然产生巨大的误解，有的人轻视它，也有人尽管明白却煞有介事地用来欺骗别人，这样截然不同的情形，是很难分辨真伪的。假如有人轻视这个教训，然而在表面上却伪装以欺人，或者信赖自身所误解的一套，别人对他是无能为力的。这时，由于没有能够证明的准则，仅能对他讲：“要小心天报”“要扪心自问”，除此以外没有任何办法。畏天与问心都是归于内心之事，不论是真怕天报或者假怕天报，并非是外人可以一眼看得出来的。这就是社会上会出现伪君子的原因。

更有甚者，有些伪君子不仅听到道德之说便可以明白其意义，并且自己还可以高谈道德，或者注解经书，或者讨论天道、宗教，其理论或许可以达到出神入化的境地，假如仅仅是读他的著作，非常有可能觉得后世又出现了一个圣人。然而，如果观察他实际的言行举止，就会惊讶其言行的不相符，其心劳智绌，令人发笑！从古至今，不管是日本还是西洋，假如列举一下，这样的事例是有很多的。就是在对《论语》进行讨论的时候，其中也有花言巧语、贪财好色之人；在信仰基督教的西洋人里面，也有欺诈无知、恐吓弱小，而妄想名利双收之人。这类小人可以说是抓住了道德没有衡量的标准这个短板，从而自由出入道德之门，伺机贩卖私货。这种情形，归根结底阐明了道德是不具备控制别人的功效的。例如，《尚书》分为今文与古文两种，秦始皇焚烧天下书籍，《尚书》也被付之一炬，到汉文帝时，济南老学者伏胜将自身所记忆的29篇公之于世，称作《今文尚书》。后来，在拆毁孔子故居时，在墙壁中发现旧本，称为《古文尚书》。因此，现在《尚书》的58篇之中，有今文和古文各29篇。然而，现在将古文与今文相互比较起来，两者的体裁完全不相同。今文晦涩不易懂，古文却平易且明白，两者的文意语气，大相径庭。任何人看来，都不可能相信是焚书之前所盛行的同一本书，其中一定有一种是伪作。尤其是从壁中取出的古文，是在晋朝才流传于世，在这之前，在汉代书中有一篇秦誓，是诸儒所引用的，而到了晋代却觉得是一本伪书，于是将它废除了。因此看来，《尚书》的来历是不明朗的。然而到了后世，人的信仰逐步稳定起来，所有人都觉得这是圣人之著作。蔡沉[①]在《书经集传》的序中讲："圣人之心，见于书"，这难道不让人感到非常奇怪吗？蔡沉的意思或许是觉得没有必要谈论古文与今文的分别，只要是书中所载符合圣人的意旨，就可以将其视为圣

---

① 蔡沉：南宋学者，他为《尚书》做注，命名为《书集传》，又名《书经集传》，是元代以后科举应试必读书目。

书了。可见今古两文中，一定有一种是后世为逢迎圣人的心理而杜撰的，也就是俗称的伪圣书。可知社会上不仅有非常多的伪君子，并且还出现过伪圣人所著的伪圣书。智慧就不一样了，社会上智慧是多种多样的，它能够不经传授而互相学习，也能够自然而然地引导人们走进智慧之门，这和道德的感化没有差别。然而，智慧的力量，并不一定仅仅凭借感化的方法来发挥它的作用。智慧完全能够通过有形的事物进行学习，并且能够明显地看到它的迹象。比如，学加减乘除的方法，就可实际去应用加减乘除。听过水沸腾变成蒸汽的道理，再学习制造机器利用蒸汽动力的方法，就能够制造蒸汽机，并且制造成功之后，它的功效，就和瓦特所制造的机器是相同的。这就称为有形的“智育”。由于这个智育是有形的，在进行衡量时，也有可以遵照的有形的规律准则。所以将智慧传授给人以后，实际应用上假如有不放心的地方，便可以进行试验。假如经过试验仍然不可以实地应用，那么可以再教导他实地应用的程序。

总而言之，一切都能够用有形的事物进行教导。比如，这里有一个数学老师，教学生用2除12得6的算术，试验学生是否可以实地运用，可以分给学生 12 个球，然后让学生将其平均分成两份，就可以证明学生是否将此种算法掌握了。假如学生将球分成 8 和 4 的两份，那么就说明还没有将这个算法掌握，这时就需要再讲解一次重新进行试验。假如这次可以将 12 个球等分成各 6 个，那么这一课就算是教完了，学生所学到算法的技巧程度，与教师并没有差别，就好像天地之间又有一个教师出现了。其传习之快，试验之明确，是能够以耳目所见闻的。再比如，试验航海技术，就让其驾船航海；实践商业法术，就让其买卖物品而视其盈亏；看患者是否痊愈就能了解医术的巧拙；从家庭的贫富能够证明经济才能的高低。诸如此类，逐一观察其真实情形，就能知道是否掌握相关技术，这叫作“有形智术试验法”。所以，智慧是无法通过伪装来欺骗世人的。不道德者尽管可以伪装成有道德者，但愚者却无法伪装成智者，这就是为什么世上伪君子多而伪智者却很少的原因。社会上可能有很多这样的例子：比如有的经济家，可以畅谈天下的经济却料理不好自己的家务；有的航海家理论非常高明，却不会驾驶船只。这种人尽管好像是所谓的伪智者，然而，社会上所有事物的理论与实际，终归是一致的。只是在道德的问题上，缺乏能够检验理论是否与实践脱节的标准而已。在智慧的范畴内，即使会出现这种伪智者，但是依旧有可以查明其真伪的方式方法。比如航海家不可以驾船，经济家不善于料理家务，这种人肯定是还未能掌握真正的技术本领，或者是另有阻碍其发挥技能的因素。比如，经济家好奢侈，航海家身体虚弱，技术本领尽管高超，但是不可以实地运用等等。由此可以看出，不管是技术本身还是阻碍技术发挥的因素，都是有形的。因此，要查明其状况，证明是否将技术真正掌握了，并不是十分困难。既然可以证实真伪，那就能够采用从旁讲解教导的方式方法，也能够由自己钻研并向别人学习。总而言之，在智慧的世界中，没有伪智者的立足之地。因此说，道德不可以以有形的事物教人，也不可以以有形的事物观察其真伪，仅仅可以于无形之中感化人。可是智慧却能够以有形之物教人，以有形之物证实其真伪，同时又能在无形中感化人。

道德是依照内心的勤奋与否从而进退有度。比如，现在有两个少年，都生长于农村，本质都是质朴厚道没有任何差异。他们为了经商或者求学而来到城市，最开始，共同择友而交，择师而学，看见城市人情之冷酷也曾在暗地里感叹过。然而经过一年半载以后，一人原有的农民的本性被改变了，且沾染了都市的奢华，最终狂妄堕落，耽误终身；另一人则不一样，修身日严，品行一如既往，不曾丢失农民的本质。如此，两个人的德行明显有了天差地别。这种情形，从在东京求学的学生中，就能够看到。假如这两个少年一直留在故乡，他们都将会是厚道之人，长此以往，都将变成有德的忠厚老实之人。然而，他们在中年之后，一人从有德之人成为了无德之人，另一人则可以独善其身。

现在假如找寻其中的缘由，并非是两人的天赋截然不同，并且，他们所来往的人都是一样的，求学的内容也是一样的，因此也不可以将其归咎于教育。那么，为什么他们的德行会相差如此之遥远呢？这是由于其中的一人，在道德上突然改变方向并且开倒车，另一人则保持并且没有丢失其原本的面目。并非是外物的作用有强弱之分，而是在内心的修养之上有了勤奋与不勤奋的区别，从而造成了一个后退、一个前进的结果。比如，有人从少年时代就狂妄冶游，谋财害命，为非作歹，无人理睬，以致在社会上简直无法安身。然而由于之后突然清醒，从而改邪归正，改过自新，开始思考日后的个人前途发展，脚踏实地，后半生成为了一个有用之人。分析这种人一生的行事，显而易见能够将其划分成两个阶段，前后截然不同。好比在桃木枝上嫁接了梅枝，待其长成以后，只能看见梅花满树，而无法分辨其根本为桃木。社会上这种案例非常的多，比如以前的赌徒，现在却吃斋念佛，混混恶棍成了诚信的商人，这样的案例并不稀奇。这些人并非是受到旁人的教导从而幡然悔悟，而是因为内心的醒悟而改过的。又比如，从前熊谷直实[①]在斩杀了平敦盛以后，皈依佛门；某猎人将怀胎的猿猴打死了，终生不再打猎等等。熊谷既然皈依佛门，如此就是念佛的行者，而非之前的剽悍武夫；猎人既然弃枪把锄，如此就是善良的农民，而非之前的杀生者。从剽悍武夫变成念佛的行者，从杀生之人变成善良的农民，这种事情并不需要旁人教导，而是于一念之间就能够做到。德和不德其间不可容发，至于智慧就大相径庭了。人刚生下来是不知所以的，不学习就不可以进步。假如将初生儿放于荒无人烟的山野之上，尽管可以幸而不死，但是他的智慧也一定与禽兽大同小异，甚至连黄莺筑巢这种本事，仅仅依靠未接受过教育的人的勤奋或许也是不能做成的。因此人的智慧完全取决于教导，假如教导

---

① 熊谷直实（Kumagai Naozane，1141—1208）：日本平安时代末期至镰仓时代初期的武将，曾奉命讨伐并斩杀平敦盛，当时平敦盛只有 16 岁，熊谷直实因此感怡世事无常，在战后出家。

有方，其前途是不可估量的，而且，一旦有了发展进步，那么就不会再回来。例如，两个少年拥有一样的天赋，假如进行教导就能够共同进步。假如两人的进步有了快慢，这或许是因为他们的天赋有所差别，或者是教授的方式方法不一样，或者是两人的勤惰程度不一样而造成的。尽管具备了某种条件，也绝对不可能因为内心的勤奋而立刻将智慧之门打开。昨天的赌徒，尽管可以成为今日的念佛者，然而，人的智愚，如果不和外界往来，是绝对不会在一朝一夕之间发生变化的。再比如，去年的拘束者或许成为今年的狂妄儿，不复留存拘束的踪迹，然而，人的既得知识，假如不是患有健忘症，是不可能消失的。孟子所谓“浩然之气”，宋儒所谓“一旦豁然贯通”，禅家所谓“悟道”，这些都是于无形的内心之中无形的功夫，无从见其详细的踪迹。但是在智慧的范畴中，绝对不会因为一旦顿然大悟，就可以犹如浩然正气一样发挥其巨大功效。瓦特发明蒸汽机，亚当·斯密提倡经济学说，并非是独居默坐、一旦豁然而开悟的，而是积年累月探究了有形事物的道理，从一点一滴逐步积累而形成的。否则，就算让面壁 9 年而顿悟的达摩大师去面壁 90 年，也不可能发明蒸汽机与电报。纵然如今的古典学者们将中、日两国的万卷经书读破，把使用无形恩威治民的妙招掌握了，也不可能马上了解现代世界通行的经国济民之道。因此说，智慧是学而之后进步，不学就不可能进步，已经学会，就不可能会退步；而道德就不一样了，它不仅十分难教，而且十分难学，而且是因为内心的勤奋与否从而进退有度。

社会上的道德家曾经这样说过：道德是所有的基本，社会上的一切事业，如果不凭借道德那么就不能够成功，假如有了道德修养，那么将会战无不胜。因此道德是不能不教，不能不学的。社会上所有的事业都能够暂且放下，并且应当首先修积道德，之后再去谈论其他的问题。世上如果没有德教，就好比暗夜无灯，因此就无从分辨事物的方向。西洋的文明是因为德教的成果，亚洲的半开化与非洲的野蛮也是因为修德的深浅使然。德教好比寒暑，然而文明就像寒暑表，前者一旦变化，后者马上就会发生反应，如果道德增长一分，那么文明也会随之上升一度云云。他们为不德而感伤，为不善而忧愁，其忧愁焦躁的情形，好比水火马上波及家门，真是狼狈万状！然而，我觉得可以将事物的极端情况抓住，但是不可以用此当作谈论的唯一目标。现在假如将不善不德的极端情形当作唯一目标，进而想去挽回，这自然也犹如当务之急，可是，仅仅是挽回这一方面的缺陷，还不可以算是做到了全部。这好比人仅仅是获取了从手直接到口的食物，还不可以说是达到了人类的所有生活一样。假如将事物的极端当作谈论的目标，那么德教也不能解决问题。如果，现在仅仅将德教当作文明的根源，让全世界所有的人都朗诵《圣经》，除了读经之外百无聊赖，又将如何呢？假如盛倡禅家不立文字之教，让天下所有人都将文字忘记了，又该如何呢？假如有人仅知道背诵《古事记》与背诵五经，特地学习忠义修身之道，连谋生的方法都不明白，如此的话，怎么可以说他是个文明的人呢？假如一个人将五官的情欲舍弃了，甘心忍受艰辛，不了解人间世界为何物，如此的话，怎么可以说他是个开化的人呢？又比如经常看见路旁有三只石猴雕像，一只被蒙着眼睛，一只被堵着耳朵，一只被遮着嘴巴。这或许是体现不见、不闻、不言的容忍之德的寓意。如果依照这种意义解释，那么人的口耳目便成为不道德的媒介了，好比天之生人，就给予了不道德的工具。假如口耳目是无益的，那么，手脚也将变成做坏事的工具。由此来看，盲人、聋人、哑人也不算是完全的善人了？最好是连四肢的机能都去掉才好呢！不，与其创造如此残缺不全的生物，莫不如让世界上压根就没有人类，这才是完美无缺！然而这能够说是造化的规律吗？我不得不产生怀疑。然而，崇尚忠义修身之道、抛弃五官肉体情欲之人，都是德教的忠诚信徒。这种对德教深信不疑的人即使是没有智慧的，也没有理由斥责他不是好人。斥责无智是智慧的问题，与道德没有任何的关系。因此，假如极端地讲，从德教上来看，凡是缺少私德之人，都是坏人，德教的目的好像只在于减少这种坏人。可是，假如广泛地观察人心的活动，并且具体分析所呈现的事实，就有理由认为不可以单把减少这种坏人的一件事，称为文明。比如，现在用乡间人与城市人作对比，衡量一下其私德，到底孰多孰少，尽管十分难以判断，然而，依照社会一般的舆论，老是觉得乡村的风俗淳朴可爱。尽管不喜欢乡村的人，也不会觉得乡村的道德浅薄而城市的风气淳厚。就算用上古与近世相互对比，或者用儿童和大人相互对比，也是一样。然而，一讨论到文明的问题，所有人就都觉得城市是文明的，近世是文明进步的。因此，文明与否是不可以仅仅单纯地用坏人的多寡来判定的。同时也能够说明，文明的根源并非在于私德一个方面。然而，有些道学家的讨论一开始就是趋向极端的，思想偏执且不留有任何余地，不了解文明的浩大，不了解文明的繁杂，不了解其动向，不了解其发展，不了解人心的变幻莫测，不了解智德的公私之分，不了解公私互相制约与互相均衡的关系，更不了解把所有事物归纳起来进行全面判定得失的方式方法，只是一心想着减少社会上不好的事情的人，最终却陷入了错误的观点：要让现代人重新变成上古时代的人，让都市变为乡村，大人变为儿童，众生变为石猿。这个道理学者一定要认清并且理性看待。